Susanne Hartmann
Ralf Seck

EINMAL UM DIE WELT

DER GELEBTE TRAUM

Der Reisebericht über unser einjähriges Abenteuer, interessante Menschen, faszinierende Kulturen und entlegene Flecken der Erde kennen zu lernen.

Ein Traum, der Wirklichkeit geworden ist, und am liebsten nie geendet hätte.

Die Autoren:

Susanne Hartmann, Jahrgang 1964, wahrscheinlich geboren mit dem Traum, um die Welt zu reisen und Ralf Seck, Jahrgang 1962, immer neugierig und offen für alles in der Welt. Seit über 20 Jahren sind die beiden unzertrennlich und so reifte die Idee, den Traum Wirklichkeit werden zu lassen.

2. überarbeitete Auflage – Dezember 2014
© 2010 Susanne Hartmann und Ralf Seck
ISBN 9783734730757
Herstellung und Verlag: Books on Demand GmbH, Norderstedt

Inhalt   **Seite**

1. Von der Idee zur Umsetzung (Susanne)   5
2. Die Entwicklung der Reiseroute (Ralf)   9
3. Das Reisegepäck (Susanne)   12
4. Der Abschied (Susanne)   14
5. Thailand (Ralf)   16
6. Bintan/Indonesien (Susanne)   24
7. Australien/Outback (Susanne)   26
8. Australien/Ostküste (Susanne)   46
9. Neuseeland/Südinsel (Ralf)   60
10. Neuseeland/Nordinsel (Ralf)   71
11. Chile/Osterinsel (Ralf)   83
12. Nordargentinien (Susanne)   89
13. Iguazu-Wasserfälle (Ralf)   96
14. Südbrasilien (Susanne)   99
15. Uruguay (Ralf)   103
16. Südargentinien (Ralf)   106
17. Kap Hoorn/Südchile (Susanne)   120
18. Ecuador (Ralf)   124
19. Galapagos Inseln (Susanne)   132
20. Peru (Ralf)   141
21. Brasilien (Ralf)   151
22. Die Rückkehr (Susanne)   159
23. Kurioses und Wissenswertes   161

1. Von der Idee zur Umsetzung – Susanne:

Die Idee, ein Jahr um die Welt zu reisen, spukte schon sehr lange in unseren Köpfen herum, doch wie setzt man so etwas um? Da gab es jede Menge Hürden zu überwinden. Und diese Hürden waren unterschiedlich hoch. Es gab zuerst einmal die Bedenken, was passiert, wenn wir unsere Existenz aufs Spiel setzen und als Mittvierziger aus dem Beruf aussteigen. Finden wir nach der Rückkehr einen Wiedereinstieg ins Berufsleben oder gehören wir dann zu den nicht mehr vermittelbaren Kandidaten? Oder wollen wir dann vielleicht gar nicht mehr in unser vorheriges Leben zurück? Informationen zu diesem Thema zu bekommen ist schwierig, denn selbst Leute, die diese Erfahrung schon gemacht haben, können einem keine Entscheidungshilfen geben, da jeder Mensch andere Voraussetzungen für solch einen „Ausstieg auf Zeit" mitbringt. Der Faktor Mut spielt natürlich auch eine gehörige Rolle im Entscheidungsfindungsprozess. Wir mussten zu der persönlichen Überzeugung kommen, dass dieser Schritt in eine spannende, aber auch ungewisse Zukunft die richtige Entscheidung ist. Das nennen wir mal den geistigen Reifeprozess, der durchaus einige Zeit in Anspruch genommen hat.

Daneben gab es natürlich auch noch andere Aspekte, z.B.: Wie finanziert man das Ganze? Was mache ich mit meinem Zuhause während der Abwesenheit und noch viele Fragen mehr, die es zu beantworten galt. Das könnte man dann unter dem Oberbegriff Machbarkeitsstudie zusammenfassen. Der Entscheidungsfindungsprozess wurde unterstützt durch ein „Zeichen". Denkt jetzt nicht, dass wir abergläubisch sind oder an höhere Mächte glauben – keineswegs – aber es war das Startsignal, unseren Traum zu verwirklichen: Zu Silvester erhielten wir auf dem Rückflug von einer unserer zahlreichen Kurz-Reisen von der Fluggesellschaft neben einem Glas Sekt jeder einen Glückskeks und in meinem stand doch tatsächlich geschrieben: „Sie werden bald um die Welt reisen!". Wir haben uns angeguckt, gelacht und konnten es einfach nicht glauben. Sollte etwas so Wegweisendes tatsächlich in einem Glückskeks stehen? Jedenfalls hat uns diese Prophezeiung sehr berührt. So war es das erste Mal in unserem Leben, dass wir solch einen Zettel mehrfach gelesen und nicht achtlos weggeworfen haben. Von diesem „Zeichen" an sollten noch eineinhalb Jahre bis zum Start der Reise vergehen, doch dieser Zettel aus dem Glückskeks hat uns immer wieder ermuntert, die Planungen voranzutreiben. Die Prophezeiung stets vor Augen, setzten wir uns ernsthafter mit der Reise auseinander und rückten sie weiter in den Vordergrund. Dann trafen wir schließlich die Entscheidung, das Abenteuer zu wagen. Es war ein unglaublich schönes Gefühl, die Vorfreude verdrängte die leisen Zweifel schnell. Wir hatten diese Entscheidung ganz bewusst zu zweit getroffen und weihten erst zu einem viel späteren Zeitpunkt unsere Familien und Freunde ein. Wir wollten diese Phase unbedarft und ohne jede Einmischung von außen genießen. Es war eine tolle Zeit.

Jetzt ging es an die Machbarkeitsstudie. Es gab jede Menge Fragen zu klären. So mussten wir unsere Arbeitssituation und die möglichen Ausstiegsszenarien unter die Lupe nehmen. Alleine dies war ein ziemlich komplexer Prozess, da wir in zwei sehr unterschiedlichen Situationen „gefangen" waren. Zum einen gab es unser Sportgeschäft, welches Ralf selbstständig und im wahrsten Sinne des Wortes „Inhabergeführt" betrieben hat und zum anderen gab es meinen Job, der auch nicht so leicht wieder zu finden war, was in der Konsequenz bedeutete, dass hier wohl überlegte Entscheidungen zu treffen waren. So entschlossen wir uns schließlich, uns von der *SPORTWELT* zu trennen. Dies war keine leichte Entscheidung, denn Ralf hatte zehn Jahre sehr viel Arbeit und noch mehr Herzblut in den Betrieb gesteckt und wurde durch viele zufriedene Stammkunden und herzlichen Rücklauf belohnt. Das lässt man natürlich nicht so einfach zurück, doch wir wollten uns unseren Traum erfüllen und mussten dafür auch bereit sein, einen Obolus zu zahlen. Parallel zu dieser Entscheidung gab es die Idee, meinen Job zu „retten". Gesagt, getan, so marschierte ich eines Tages zu meinem Arbeitgeber und bat um eine unbezahlte Auszeit. Dies wurde zwar zunächst etwas vorsichtig und mit ein wenig Skepsis aufgenommen, doch man beschied mir, man würde mein Anliegen prüfen. Kurze Zeit später war ich dann stolzer Besitzer eines Änderungsvertrages, der mir mit einer einjährigen unbezahlten Auszeit die Sicherheit der Rückkehr in einen adäquaten Job gab. Natürlich stellte sich auch die zentrale Frage, ob wir dieses Projekt überhaupt finanzieren können. Also rechneten wir mit dem spitzen Bleistift und kalkulierten was das Zeug hielt, um eine Idee zu bekommen, wie viel Geld wir denn überhaupt so brauchen würden. Wir mussten intensiv recherchieren, um herauszufinden, wie wir unseren Etat am besten aufsetzen. Die Kosten für eine Low-Budget-Tour unterscheiden sich naturgemäß gewaltig von denen einer

Luxus-Reise. Wir mussten also erst mal unsere Bedürfnisse definieren. Als Rucksack-Tramper wollten wir die Tour nicht absolvieren und ein gewisser Anspruch an den Lebensstandard während der Reise war auch vorhanden. So waren wir uns einig, dass wir weder in den billigsten Absteigen noch in Schlafsälen oder Jugendherbergen unterkommen wollten. Die Ernährung sollte gesund und ausgewogen sein und nicht ausnahmslos aus Junkfood bestehen. Und obendrein hatten wir den ehrgeizigen Plan, ein paar entlegene Reiseziele, die nicht nur aufgrund ihrer geografischen Lage kostspielige Vergnügen sind, anzusteuern. Mit diesen definierten Vorgaben nahmen wir Einschätzungen vor, wie teuer es wohl in jedem Land, das wir bereisen wollten, sein könnte. Die gesammelten Informationen mixten wir mit den persönlichen Erfahrungen aus all unseren bisherigen Reisen und strickten daraus einen Finanzplan für unterwegs, der am Ende ein Reisebudget auswarf. Damit hatten wir uns eine Planungsbasis geschaffen und somit ein Sparziel definiert. Dies ist allerdings nur die halbe Wahrheit, denn natürlich mussten wir auch noch die laufenden Kosten zuhause identifizieren, analysieren und kategorisieren. Hier galt es also die „Guten" von den „Schlechten" zu trennen, d.h. die unvermeidbaren Kosten mussten auch während unserer Abwesenheit weiterlaufen, aber andere Mitgliedschaften und Verträge konnten wir kündigen oder ruhen lassen. Als auch diese Hürde genommen war, hatten wir dann, so wie wir glaubten, ein komplettes Bild gewonnen und wussten, worauf wir uns in Sachen Finanzen einlassen mussten. Dann kamen der Kassensturz und ein recht ehrgeiziger Sparplan. Wieder waren wir um ein hehres Ziel reicher, nämlich sämtliche Ausgaben zu hinterfragen, damit wir unser Sparziel zügig erreichen konnten. Das erforderte natürlich ein wenig Disziplin, machte aber gleichzeitig Spaß, da wir die kleinen Entbehrungen ja für die Verwirklichung unseres Lebenstraums auf uns nahmen.

Die Vorbereitungsliste musste Punkt für Punkt abgearbeitet werden. Bleiben wir mal bei dem „lästigen" Teil. Wer weiß schon so genau, wann sich das laufende Zeitungsabonnement das nächste Mal automatisch verlängert, oder wann man Mitgliedschaften oder den Telefonanschluss kündigen kann. Wir jedenfalls mussten dafür in unseren Unterlagen nachschauen und dann entsprechend handeln. Auch das Thema Versicherungen ist ein ganz spezielles, angefangen bei der Hausratversicherung für unsere Wohnung, bis hin zur Reisekrankenversicherung. Überall gab es noch mehr Hürden und Stolpersteine als wir eh schon befürchtet hatten. So wollte keine Hausratversicherung das Risiko abdecken, eine leer stehende Wohnung für ein Jahr zu versichern. Erst nach etlichen Telefonaten mit diversen Versicherungen und einer Menge Überzeugungskraft ist es uns gelungen, eine entsprechende Police zu erhalten. Dagegen war der Abschluss der Langzeitauslandskrankenversicherung fast ein Kinderspiel.

Auch das Thema der Geldversorgung während der Reise hat uns eine Weile beschäftigt. Vor 25 Jahren hätten wir uns noch mit beträchtlichen Mengen an Bargeld und Reiseschecks auf den Weg machen müssen, doch in der heutigen Zeit ist die Beschaffung von Geld in der jeweiligen Landeswährung ganz einfach. Wir taten eine prima Kreditkarte auf dem Markt auf, mit der sich weltweit kostenlos Bargeld an jedem Geldautomaten ziehen ließ. Ein Produkt, wie auf unsere Bedürfnisse zugeschnitten. Diese Kreditkarte entband uns von der Sorge, ständig eine Menge Bargeld mit uns herumtragen zu müssen und war von den üblichen Gebühren befreit, die man sonst bei jeder Abhebung zu entrichten hat. Die spannende Frage, ob wir an alles gedacht hatten konnte bis zum Abflug nicht geklärt werden, schließlich ergeben sich unerwartete Situationen immer erst unterwegs.

2. Die Entwicklung der Reiseroute – Ralf:

Hier stellte sich nun erst mal die wesentliche Frage: Wo wollen wir denn überhaupt hin? Die einfache Antwort hätte lauten können, na überall hin.... Das ist natürlich Quatsch und auch nicht umsetzbar. Dank unserer schon lange vorhandenen und auch ausgelebten Reiselust konnten wir doch auf einige Erfahrungswerte zurückgreifen und haben zunächst eine Art „Länder würfeln" gespielt. Würfeln umschreibt die Prozedur natürlich nicht richtig, vielmehr haben wir etliche Länder, die wir nicht besuchen wollten, direkt eliminiert. Aus den verbliebenen möglichen Reisezielen entwickelte sich dann langsam eine Reiseroute. Die Weltkarte hing immer in Augenhöhe an der Wand, ein zusätzliches Exemplar schmückte über lange Zeit unseren Fußboden, so dass wir uns immer wieder inspirieren lassen konnten. Wir mussten sowohl Klimazonen als auch Jahreszeiten der jeweiligen Länder beachten, so dass hier jede Menge Recherche notwendig war, um eine sinnvolle Länderkombination herzustellen. Man will ja nicht während der Regenzeit knietief im Schlamm versinken oder bei minus 20 Grad am Gletscher festfrieren.

Nach einem ausgiebigen Auswahlprozess kristallisierten sich Asien, Neuseeland, Australien und mehrere Länder Südamerikas als Reiseschwerpunkte heraus. Es war schon sehr witzig, wie wir immer wieder Ländernamen in den Raum warfen und das Für und Wider diskutierten, um schließlich dieses Land in die Reiseroute zu integrieren, oder eben nicht. Afrika hatten wir in der Vergangenheit schon einige Male bereist, doch diesmal mussten wir den „Schwarzen Kontinent" schweren Herzens aussparen, er lies sich einfach nicht sinnvoll in das Reiseroutengerüst integrieren.

Schnell waren wir uns einig, welche besonderen Ziele wir auf jeden Fall besuchen wollten. Dazu gehörten u.a.: Kap Hoorn, die Galapagos-Inseln, die Inka-Stätte Machu Picchu und die Osterinsel. Mit diesen Mindestvorgaben machten wir uns auf Ticketrecherche und stellten fest, dass damit nur ein einziges Round-The-World Ticket in Frage kam. Der Grund: die Osterinsel ist nur im One World-Verbund enthalten, denn zu diesem entfernten Flugziel mitten im Pazifischen Ozean gibt es nur eine einzige Verbindung, die von LAN Chile als Monopolinhaber bedient wird. Erfreulicherweise bot dieses Ticket gleichzeitig viele Flugverbindungen in Lateinamerika, was für unsere südamerikalastige Reiseroute wichtig war. Damit war die Entscheidung für dieses Flugticket schnell gefallen.

Jetzt mussten wir die Tücken der Ticketbedingungen so umschiffen, dass wir alle geplanten Reiseziele unterkriegen konnten. So kann man z.b. immer nur in eine Richtung fliegen, d.h. nur ostwärts oder nur westwärts. Zudem sind nur eine bestimmte Anzahl Flüge pro Kontinent möglich. Diese Bedingungen in Einklang mit den Klimatabellen zu bringen und daraus eine zeitlich passende Route zu entwickeln, war die nächste Aufgabe.

Langzeitreise-Empfehlungen sagen, dass man sich nicht zu viel vornehmen sollte. Wir haben versucht dies zu beherzigen und uns in der Ausgangsplanung auf zehn Länder beschränkt, die wir ohne Hast und sehr bewusst bereisen wollten. Letztendlich ist dann mit dem spontanen Uruguay-Trip noch ein elftes Land hinzugekommen.

Da unsere Reise im Juli losgehen sollte, mussten wir den Asien-Aufenthalt auf kleine Flamme setzen, denn um diese Zeit ist dort in den meisten Gebieten Regenzeit. Um die größten Schlammschlachten zu vermeiden, beschränkten wir uns in Asien also auf die „Sparversion". So blieben auch Vietnam und Laos als mögliche Ziele auf der Strecke und wurden ersatzlos gestrichen. Schade eigentlich, aber so bleibt immer ein Grund, eine weitere Reise zu planen.

Auch die Routenfestlegung für Australien hatte ihre Tücken. So wurde der Anflughafen sowie die Reiserichtung in Down Under neben der Jahreszeit auch noch davon bestimmt, dass es in Nordaustralien beinahe doppelt so teuer ist ein Auto zu mieten, wie im Süden. Hierüber sind wir während unserer Recherche gestolpert, als unsere Autorundreise zu scheitern drohte, weil die Mietwagenpreise einfach viel zu teuer für unser Budget waren. So warfen wir unseren Plan, in Darwin unsere Australienreise zu starten über Bord und entschlossen uns, das Outback mit einem weit preiswerteren Auto von Adelaide aus Richtung Norden zu durchqueren und nicht wie ursprünglich angedacht in umgekehrter Richtung. Natürlich kann man in Australien auch ein Auto kaufen, doch dieses Vorhaben ist ebenfalls mit allerlei Tücken behaftet und noch dazu sollte man Auto technisch etwas begabt sein, wenn man sich so eine alte Gurke kauft. Da wir beide keine „Bastler und Schrauber" sind, kam also nur der Mietwagen in Betracht und damit auch die Sicherheit, nicht irgendwo im Outback mit einem Motorschaden auf Nimmerwiedersehen zu verschwinden. Rückblickend war es genau richtig, dass wir die Reiseroute drehen mussten, aber hinterher ist man immer schlauer. Unser Fazit an dieser Stelle, Glück gehabt, es sollte so sein.

Die weitere Planung führte uns nach Neuseeland. Hier galt es zu beschließen, ob wir uns zuerst die Nordinsel oder zuerst die Südinsel ansehen wollten. Die Entscheidung fiel letztendlich auf die Südinsel, und so stand auch dieses Flugsegment fest. Dann ging es an die große „Teichüberquerung". Hierbei haben wir die begrenzten Eigenschaften eines solchen Round-The-World Tickets kennen gelernt. Es blieb uns nichts anderes übrig, als zunächst von Auckland (Nordinsel Neuseeland) nach Santiago de Chile zu fliegen (knappe zwölf Stunden Flug), um dann beinahe sechs Stunden auf die Osterinsel zurück zu fliegen, denn die direkte Route mit Zwischenstopp in Tahiti war nicht Teil des Tickets und damit für uns nicht möglich. Wir wollen nicht murren, so hat es zwar etwas mehr Zeit gekostet, auf die Osterinsel zu kommen, jedoch wurde es mit diesem Kniff für uns erschwinglich und wir konnten uns auch diesen Traum erfüllen.

Die Festlegung der Flüge auf dem südamerikanischen Festland fiel uns auch nicht ganz leicht. Wir hatten mit der Schwierigkeit zu kämpfen, dass nur eine begrenzte Anzahl Flüge pro Kontinent im Ticketpreis enthalten waren und es hier wirklich große Strecken zu überwinden galt. Nach einigem Hin und Her entschlossen wir uns dann, den südlichen Teil im Wesentlichen auf dem Landweg zu bereisen und anschließend von Santiago de Chile aus erst mal nach Ecuador zu fliegen und auf dem Rückweg Peru mitzunehmen. Diese Reihenfolge ersparte uns einen zusätzlichen Flug und somit wieder eine Stange Geld. Eine Eigenart des Weltreise-Tickets ist, dass man zwar die Flugtage auch später noch ohne Aufpreis ändern kann, die Flugstrecken hingegen fixiert sein müssen. Dann endlich hatten wir die Route soweit festgelegt, dass wir die Tickets kaufen konnten. Die sinnvolle Zusammenstellung des Reiseweges war ein zeitaufwändiger Kraftakt, aber nun konnten wir uns aus der detaillierten Planung erst mal wieder verabschieden. Innerhalb der einzelnen Länder wollten wir keinem exakt vorgegebenen Plan folgen, sondern uns treiben lassen und flexibel bleiben.

3. Das Reisegepäck – Susanne:

Jetzt lag eine ungleich schwierigere Hürde vor uns. Was nehmen wir mit? Was brauchen wir? Entsprechend unserer geplanten Route würden wir heiße Klimazonen ebenso durchreisen wie regnerische und eiskalte Gegenden. Irgendwie mussten wir uns für alle Wetterkapriolen wappnen. Gleichzeitig wollten wir aber nicht mit schwerem und unhandlichem Gepäck auf Tour gehen. In dieser Zwickmühle gefangen, begaben wir uns wieder auf Recherche. Die einschlägige Literatur gibt zwar Hinweise und Empfehlungen für alle möglichen Touren, allerdings konnten wir keine hilfreichen Tipps für unseren Klamotten- und Utensilienbedarf entdecken. Wir waren uns jedoch einig, dass wir keine komplette Campingausrüstung im Rucksack unterbringen wollten. Die Beschränkung auf je einen dünnen Sommerschlafsack war somit beschlossene Sache. Für die weitere Zusammenstellung des Reisegepäcks vertrauten wir einfach unserer Erfahrung.

Eine nicht unerhebliche Entscheidung war die der Rucksack-Größe, wir entschieden uns für 45+10 Liter Volumen und somit war unsere Packkapazität begrenzt. Entgegen der Meinung einiger „Berater" fanden wir unsere Rucksäcke groß genug. Jetzt galt es eine sinnvolle Gepäckauswahl zu treffen und clever zu verstauen. Nach dem Motto „Ausrüstung für viele denkbare Situationen, aber so wenige Teile wie möglich" hatten wir unsere Packliste zusammengestellt. Bei kalter Witterung sollte das bewährte Zwiebelprinzip zur Anwendung kommen. Alleine das Kaufen der Funktionsklamotten nahm schon eine ganze Weile in Anspruch, denn dazu mussten wir eine beachtliche Anzahl gut sortierter Outdoorläden durchstöbern. So konnten wir nach und nach unseren Textilbedarf decken. Aber auch dieser Teil der Reisevorbereitung machte ordentlich Spaß, denn die Vorfreude steigerte sich mit jedem Einkauf gewaltig. Von Badebekleidung bis zu warmen Klamotten, von Flipflops über Laufschuhe bis zu Goretex-Trekkingschuhen, von Reiseliteratur bis zum Fernglas und vom Campingbesteck bis zur Fliegenklatsche hatten wir alles bereit gelegt. Hinzu kamen noch wasserdicht eingetütete Kopien von allen Reisedokumenten. Als die Packliste endlich abgearbeitet war, waren wir echt gespannt, ob unsere Schätzung aufgehen würde und alles in die Rucksäcke passt. Direkt der erste Packversuch war erfolgreich und so konnten wir frohen

Mutes wieder einen Punkt auf unserer Check-Liste abhaken. Das Gepäck war komplett und Reise tauglich! Letztlich wogen die gepackten Rucksäcke, die im leeren Zustand schon gut zwei Kilo auf die Waage bringen, lediglich knapp 15 Kilo und waren damit angenehm zu tragen. Im Nachhinein können wir sagen, dass es absolut sinnvoll war, weniger Klamotten mitzuschleppen und dafür häufiger zu waschen. Dabei lernt man sehr verschärft, mit wie wenigen Dingen ein Mensch eigentlich auskommen kann, ohne wirklich auf etwas verzichten zu müssen. Dies ist eine wertvolle Erfahrung, wenn man wie wir, aus einer Wohlstandsgesellschaft kommt.

4. Der Abschied – Susanne:

Kurz vor Reisebeginn rannte die Zeit förmlich davon, und ehe wir uns versahen, waren es nur noch wenige Tage, bis es losgehen sollte. Immer und immer wieder haben wir alles geprüft und überlegt, ob wir auch wirklich nichts vergessen haben. Dann wollten wir uns auch noch von unseren Familien und Freunden verabschieden und haben eine Abschiedsparty bei uns zu Hause organisiert. Alle waren gekommen und hatten uns jede Menge einfallsreiche und ausgefallene Geschenke mitgebracht, sogar zusätzliches Reisegepäck: Ralf und ich bekamen je einen mit „unserer" Musik bespielten MP3 Player geschenkt. Es war überwältigend, wie viel Freundschaft und Zuneigung uns entgegengebracht wurde und ein ganz tolles Gefühl. So wussten wir zumindest, dass es in jedem Fall einen guten Grund geben würde, wieder zurückzukehren. Es war ein sehr schöner Abend und wir hatten viel Spaß. Nachdem dann alle gegangen waren, überkam uns ein eigenartiges Gefühl. Da vermischte sich große Vorfreude mit einem bisschen Wehmut und der Gewissheit, dass es nun kein Zurück mehr gab. Uns blieben nur noch wenige Tage bis zum Abflug, allerdings ohne weitere Verpflichtungen. Der Räumungsverkauf in unserem Geschäft lag bereits hinter uns, meine Arbeit war beendet, Freunde und Familie hatten wir verabschiedet, den Garten fit gemacht und die Infomappe für die „Haus- und Gartensitter" zusammengestellt. Langsam wurden wir unruhig, jetzt konnte es wirklich losgehen, das Fernweh hatte uns gepackt.

Endlich war es soweit, Tag 1 unserer Weltreise war gekommen. Unser „Taxidienst", bestehend aus Bigge, Anni und Verena, der uns zum Düsseldorfer Flughafen chauffieren wollte, stand überpünktlich auf der Matte. Noch ein letzter Check in der Wohnung und dann ging es los, die große Tour begann. Doch auf der Autobahn erhielt unsere Vorfreude blitzartig einen gewaltigen Dämpfer. Vollsperrung auf der A3! Da ist uns das Herz aber ein wenig in die Hose gerutscht. Wir sahen uns schon im Stau stehend dem Flieger winken. Das waren ganz schön bange Minuten. Ralf schien noch ganz relaxed, doch ich war schon ziemlich nervös und wollte nicht wirklich glauben, dass unsere Reise nun an so etwas Simplem wie einer Autobahnsperrung zu scheitern drohte. Das Warten zerrte an unseren Nerven. Doch urplötzlich löste sich der Stau nach der Aufhebung der Sperrung auf und wir erreichten tatsächlich noch rechtzeitig den Flughafen. Da war sie wieder, die Prophezeiung aus dem Glückskeks: „Sie werden bald um die Welt reisen!" Das Einchecken verlief problemlos, und als wir dann unsere ersten Bordkarten in den Händen hielten, waren wir restlos glücklich: Geschafft – unser Traum wird wahr!

Wir saßen in der Wartehalle, haben uns ein Glas Sekt gegönnt und versuchten zu realisieren, dass es jetzt wirklich losgeht und wir in den Traum eintauchen werden. Ein schönes, unwirkliches und unbeschreibliches Gefühl!

5. Thailand – Ralf:

Helsinki – im Flughafen wimmelt es nur so von Menschen, halb Asien scheint auf einem Europatrip zu sein. Solch überfüllte Abflughallen haben wir beide noch nicht gesehen, doch genau darum machen wir ja eine Reise: Wir möchten etwas erleben. Die fünf Stunden Wartezeit vergehen eher zähflüssig, doch wir haben ja keine Eile, wir haben sogar ein ganzes Jahr Zeit! Der Umweg über Helsinki ist eben ein Teil der Tücken eines Round-the-World Tickets. Irgendwann geht es dann ins Flugzeug, doch der Abflug verzögert sich, es gibt technische Probleme! Diese zum Glück nur kurze Verzögerung bringt uns schon nicht mehr aus der Ruhe. Wir haben prima Plätze erwischt und können den Langstreckenflug richtig genießen. In Bangkok angekommen, erledigen wir zunächst die Einreiseformalitäten und die Reisepässe erhalten erste Einreisestempel. Unsere Rucksäcke tauchen nach einer überschaubaren Wartezeit auf. Dann suchen wir den Check In-Schalter für den Inlandsflug nach Ko Samui, einer Urlaubsinsel in Südthailand. Die Wartezeit bis zum Abflug können wir hier in einer netten Lounge mit Snacks und Internetzugang, einem kostenloser Service von Bangkok Airways, überbrücken. Der anschließende Kurzflug bringt uns unserem ersten Ziel wieder ein Stück näher.

So langsam gewinnt die Müdigkeit Oberhand und wir sind froh, dass wir uns um die erste Unterkunft vor Ort nicht mehr kümmern müssen, denn die haben wir bereits von Zuhause aus übers Internet reserviert. So lassen wir uns bequem vom Abholservice kutschieren und kurz darauf erreichen wir unser Domizil für die nächsten Tage. Ein herrlicher Blick aufs Meer in tropischer Umgebung entschädigt umgehend für die lange Anreise und lässt sofort Urlaubsgefühle aufkommen. Wir richten uns in unserem Bungalow häuslich ein, machen einen ersten Abstecher an den Strand, kaufen Getränke und beschließen den Tag mit einem leckeren scharfen Thai-Curry, bevor wir hundemüde ins Bett fallen. Die stundenlangen Flüge und die sechs Stunden Zeitunterschied fordern halt ihren Tribut. Thailand als erste Station soll uns zum „Ankommen" und „Entspannen" dienen. Die letzten Monate waren sehr stressig und voll gepackt mit Reisevorbereitungen neben dem normalen Arbeitsalltag. Da kommt ein erster Strandaufenthalt bei tropischen Temperaturen gerade recht. Ko Samui ist eine Trauminsel, ein Naturparadies mit Palmen gesäumten Sandstränden, glasklarem Wasser und üppigen Reisfeldern. Nachdem wir morgens vor dem Frühstück unsere Laufschuhe mit einer Runde durch Lamai eingeweiht haben, wollen wir uns ein wenig umsehen. Um die Insel erkunden zu können, mieten wir uns ein Moped. Aber aufgepasst: Motorrad fahren auf Ko Samui ist gefährlich. Die Urlaubsinsel hat die höchste Unfallstatistik in Thailand, weil es vor 100 ccm-Mopeds nur so wimmelt. Das Straßenbild ist geprägt von den knatternden Flitzern: Halbstarke rasen verkehrt herum durch die Einbahnstraßen, Touristen fahren vom Strand zur Bar und betrunken wieder zurück und vierköpfige Familien steuern – das kleinste Kind auf dem Lenker sitzend – wagemutig durch den Verkehr. Die vorherrschende Motorradkluft im tropischen Thailand besteht aus kurzer Hose, T-Shirt und Flipflops, niemand trägt hier einen Helm. Wir also auch nicht. Gemütlich rollen wir über die Insel, vorbei an malerischen Fischerdörfern, abgelegenen Tempeln und versteckten Wasserfällen. Die Sonne scheint, unsere Haare flattern im Wind. So schön kann Urlaub sein. Plötzlich werden wir von der Polizei gestoppt: Helmkontrolle! Au weia! Zweiradfahrer ohne Helm, egal ob Touristen oder Thais, müssen sich in die lange Warteschlange vor dem Kassenhäuschen einreihen. 300 Baht (umgerechnet 6 Euro) Strafe muss jeder Fahrer zahlen, damit ist das Verwarnungsgeld doppelt so teuer wie die Mopedmiete pro Tag. Die Kopiloten, teilweise drei davon auf dem Moped, gelten anscheinend nicht als schützenswert, denn sie kommen allesamt straffrei davon. Susanne auch. Bei einem beiläufigen Blick auf die Straße sehen wir, dass plötzlich *jeder* Mopedfahrer einen Helm trägt. Für uns ist es rätselhaft, wo die vielen Helme plötzlich herkommen. Der Inselfunk scheint gut zu funktionieren, vielleicht hat sich aber auch ein cleverer Helmverleiher am Straßenrand postiert. Na, egal, wir zahlen 300 Baht und dürfen dann *ohne* Helm weiterfahren. Als Souvenir erhalten wir die Kopie der Anzeige komplett in Thai geschrieben, wir können lediglich die Zahl 300 identifizieren und amüsieren uns köstlich. Am nächsten Tag rasen alle Mopeds wie gewohnt über die Insel, und – als hätte es die Polizeikontrolle nie gegeben – kein einziger Fahrer trägt mehr einen Helm. Auf der Insel gibt es viel zu entdecken: Kokospalmenwälder, Wasserbüffel, traumhafte Buchten, idyllische Dörfer und nette Menschen. Wir kommen an einem Acker vorbei, wo ein Feldarbeiter Pause macht. Er winkt uns zu sich herüber und gibt uns mit Händen und Füßen zu verstehen, dass er seinen Affen auf eine Palme schicken will, damit er ein paar Kokosnüsse für uns pflückt.

Das ist eine super Idee bei dieser Hitze, denn der Saft der Kokosnuss ist ein ausgesprochen guter Durstlöscher. Nur der Affe ist nicht gerade begeistert. Aber Job ist Job. So erhalten wir eine Privatvorführung des Affen, der seine Kletterkünste und seine Geschicklichkeit beim Ernten der Kokosnüsse demonstriert und uns zu einer tollen Erfrischung verhilft. Wir bedanken uns mit einer kleinen Futtergeldspende und rattern weiter über die Insel.

An unserem ersten Wochenende wird ein zweitägiges Alkoholverbot in der Öffentlichkeit aufgrund religiöser Feiertage angekündigt. Konsequenterweise haben diverse Bierbars komplett geschlossen. Auch im Restaurant unserer Wahl werden wir auf diese besondere Situation aufmerksam gemacht. Allerdings hat die freundliche Bedienung einen „Geheimtipp" für uns parat: Sie könnte das Verbot unauffällig umgehen, indem sie uns alkoholische Cocktails in Saftgläsern bringt. Entweder hält sie nicht viel von buddhistischen Appellen an die Bevölkerung, oder sie ist enorm geschäftstüchtig.

In einer Zeitschrift lesen wir, dass in Pattaya eine Laufveranstaltung stattfindet. Da wir eh geplant hatten, noch ein wenig im Land herumzureisen, marschieren wir in ein Internet-Café, um mich für die 10,5 Kilometer-Strecke anzumelden. Das Ausfüllen des Anmeldeformulars ist recht lustig, denn wir können die Thai-Schriftzeichen nicht lesen. Dann müssen wir noch das Startgeld überweisen, was in den reichlich vorhandenen Wechselstuben nicht möglich ist. Endlich haben wir eine Bankfiliale gefunden. Mit dem für uns praktisch unlesbaren Anmeldeformular in der Hand kann die freundliche Bankangestellte die Startgeldüberweisung durchführen. Sagt sie zumindest. Wir vertrauen ihr. Jetzt müssen wir nur noch einen Flug nach Pattaya buchen und möglichst eine Unterkunft in unmittelbarer Umgebung des Startbereichs finden. Dank intensiver Recherche im Internet gelingt uns auch das und wenige Tage später sitzen wir bereits im Flieger nach Pattaya. Die Unterkunft erweist sich als prima und liegt tatsächlich zentral. Susanne hat nur mir zuliebe eingewilligt nach Pattaya zu fliegen, denn ihr schwillt immer der Kamm, wenn sie diese „alten Säcke" sieht, die sich die jungen Mädchen und Frauen kaufen. Und Pattaya ist echt eine Hochburg für diese notgeilen Typen.

Bevor wir uns ein wenig in der Stadt umsehen, holen wir erst mal die Startunterlagen ab. Wieder müssen wir den Kampf mit den Thaischriftzeichen aufnehmen, doch nach einer Weile haben wir den richtigen Stand gefunden. Jetzt sind wir mal gespannt, ob ich auf der Teilnehmerliste stehe und das Geld angekommen ist. Nach kurzer Suche kommt die Entwarnung: Alles okay. Ich bekomme die Startnummer und ein Laufshirt ausgehändigt. Jetzt können wir uns noch ein bisschen mit den örtlichen Begebenheiten vertraut machen, dann geht es schon ins Bett, denn der Start solcher Veranstaltungen in den Tropen ist oft nachts, um die schlimmste Hitze zu vermeiden. So müssen die Marathonläufer schon um 4.30 Uhr loslaufen. Wir hingegen haben Glück! Mein Start ist erst um 5.30 Uhr, so dass wir halbwegs ausschlafen können. 4.00 Uhr. Der Wecker piept. Wir rappeln uns auf und schauen aus dem Fenster. Es regnet, ach was, es schüttet aus Eimern. Wir machen uns kurz frisch, Susanne wirft sich die Regenjacke über, ich ziehe meine Laufklamotten an. Nach wenigen Sekunden bin ich klatschnass. Die Straßen sind teilweise überflutet, an manchen Stellen stehen wir knöcheltief im Wasser. Dem Betrachter bietet sich ein eigenartiges Bild: In tief dunkler Nacht entweichen asiatische Schlager in ohrenbetäubender Lautstärke den Lautsprecherboxen, während Tausende von Sportlern durch den strömenden Regen wieseln, Dehnübungen machen oder sich warm laufen. Angesichts der überraschend großen Läuferschar sichere ich mir schon 20 Minuten vor dem Start einen brauchbaren Platz im Läuferfeld. Würde ich mir bis zum Startschuss noch einen Regenschutz suchen, müsste ich aus der letzten Reihe starten und dann vermutlich Slalom laufen. So stehe ich relativ weit vorne im prasselnden Regen und erlebe eine ungewohnte Situation. Ich kann über tausend Köpfe hinweg gucken, und das mit 1,79 m Körpergröße. Dann endlich ertönt das Startsignal per Pressluftröte und los geht's durch die nächtlichen Straßenschluchten. Ich habe mir Kilometerzeiten von 4:15 - 4:00 min vorgenommen, aber da man die Bedingungen durchaus als widrig bezeichnen könnte und ich die Laufstrecke nicht kenne, wird es wohl schwierig zu realisieren sein. Ich merke allerdings bald, dass es keine Kilometerangaben gibt, also laufe ich nach Gefühl. Trotz des Regens ist es eigentlich zu warm zum Laufen, und die hohe Luftfeuchtigkeit lässt uns Europäer ja schon bei der kleinsten Anstrengung nach Luft schnappen. Aber ich habe es so gewollt und renne munter drauflos. Die Laufstrecke führt durch die tagsüber so hektische Innenstadt, jetzt ist sie gespenstig ruhig. Aufmunternde Zurufe von Zuschauern würden ganz gut tun, aber die liegen wohl alle noch im Bett. Diesbezüglich will ich ihnen mal keinen Vorwurf machen. Inzwischen werden die Beine schwer und schwerer. Liegt es an der hohen Luftfeuchtigkeit, am ungewohnten Betonboden, am Regen oder an der frühen Tageszeit? Ich weiß es nicht. In weiser Voraussicht hat der Veranstalter Eimer mit Eiswasser bereitgestellt, so können wir Läufer uns die Oberschenkel mit Eiswürfeln kühlen. Kurz vor Tagesanbruch kommt dann die Strandpromenade in Sicht, also kann das Ziel nicht mehr weit sein. Eine letzte Kraftanstrengung für den Endspurt und schon ist der Spaß vorbei. Ich stoppe die Uhr nach 42:20 Minuten. Susanne, die inzwischen genauso nass ist wie ich, schätzt mich auf Platz 85 in einem Starterfeld von etwa 1.000 Läufern. Außerdem versichert sie mir augenzwinkernd, dass ich „Europameister" geworden sei, da vor mir keine „Langnase" ins Ziel gekommen ist. Neben einer Medaille und einem T-Shirt gibt es auch noch Thai-Frühstück für die Aktiven: Reisgerichte mit Gemüse und Fleisch, allerdings extra scharf gewürzt. Also genau das richtige für einen deutschen Magen nach solch einer Tortur. Nun warten wir ungeduldig auf offizielle Resultate, doch leider haben die Drucker dem Dauerregen nicht standgehalten, so dass die Ergebnislisten buchstäblich ins Wasser gefallen sind. Jetzt, nachdem der Lauf vorüber ist, regnet es nicht mehr. Die aufgehende Sonne vertreibt die Wolken und sorgt sogar für einen wunderschönen Tag. Ich gehe allerdings erst mal wieder ins Bett.

Es wird Zeit Pattaya zu verlassen, also besorgen wir uns ein Busticket nach Bangkok und buchen auch diesmal die Unterkunft übers Internet. Bangkok, die Stadt der Engel, ist eine faszinierende Stadt mit vielen interessanten Ecken, allerdings auch ein stinkender, lauter, unglaublich überfüllter Moloch und man ist dankbar für jeden kleinen Park. So verwundert es nicht weiter, dass es uns in einen Erholungspark zieht. Allerdings ist die Nutzung der grünen Oase ein riskantes Unterfangen, wenn man dort Alkohol trinkt. Ich werde nämlich beim Vertilgen einer Dose Bier von Ordnungshütern erwischt. Wir lächeln freundlich und berufen uns auf die Unwissenheit der Touristen, so komme ich mit einer ernsten Ermahnung davon. Beim Verlassen des Parks entdecken wir dann auch das entsprechende Verbotsschild. Sechs Monate Knast werden als Abschreckung verhängt. Puuuh, da habe ich noch mal Glück gehabt.

Wir spazieren weiter durch Bangkok und landen in interessanten Stadtvierteln. So kommt es, dass wir uns plötzlich in der Zoogeschäftsstraße befinden, und es liegen Hunderte von transparenten Plastiktüten auf dem Bürgersteig, gefüllt mit großen und kleinen Zierfischen. Dann spazieren wir durch die Kfz-Ersatzteil-Straße, hier liegen jede Menge polierter Felgen und Ersatzmotoren akkurat gestapelt auf dem Bürgersteig herum. Doch so interessant es auch immer wieder ist, das Flair einer pulsierenden Metropole zu erleben, die negativen Begleiterscheinungen wie Lärm, schlechte Luft und die permanente Hektik veranlassen uns, weitere Reisepläne zu schmieden. So gelangen wir im Rahmen einer organisierten Tour in die Gegend um Kanchanaburi. Die erste Station führt uns zur legendären Brücke am River Kwai. Das Leben hier spielt sich an und auf dem Fluss ab. Jede Menge Hausboote, Wassertaxis und Partyboote sorgen für regen Verkehr auf dem Wasser. Auch die regionale Kultur kommt nicht zu kurz, und so haben wir abends das etwas zweifelhafte Vergnügen, eine Mon Dance-Show zu besuchen. Die burmesischen Flüchtlinge stellen eine große Bevölkerungsgruppe in dieser Gegend und pflegen hier ihre Traditionen. Für unser westlich geprägtes Empfinden sind die Gesänge und

Tänze sehr gewöhnungsbedürftig und fremd. Obwohl die Künstler offensichtlich mit Leidenschaft agieren, können wir keinen rechten Zugang zu Musik und Tanz finden, Respekt nötigt uns allerdings die Gabe der Musiker ab, den größtenteils selbst gebastelten Instrumenten brauchbare Töne zu entlocken. Eine interessante Erfahrung, denn hier zeigt sich mal wieder deutlich, wie sehr man durch seine Umgebung geprägt wird.

Die organisierte Tour endet für uns in Kanchanaburi, wo wir uns auf die Suche nach einer Unterkunft machen. Um das Treiben auf dem River Kwai hautnah erleben zu können, mieten wir uns in einem schwimmenden Guesthouse ein. Der Charme dieser Unterkunft im Hausboot liegt auch im permanenten Geschaukel, besonders wenn die PS-strotzenden Wassertaxis vorbeirasen. Entspanntes Schlafen ist hier nicht möglich, aber es ist eine weitere Erfahrung, die wir nicht missen möchten. Von Kanchanaburi aus geht es weiter nach Ayutthaya, der Hauptstadt des früheren Königreichs Siam. Der Minibusfahrer versucht sich mal wieder an einem alten Trick und fährt in der Stadt zunächst ein übeteuertes Guesthouse seiner Wahl an. In der Hoffnung auf Vermittlungsprovision guckt er ganz erwartungsvoll, wie viele Farangs (Touristen) denn nun in der Herberge einchecken. Doch diesmal hat er Pech: Kein einziger Passagier steigt aus, alle haben Adressen parat, wo sie abgeliefert werden wollen. Dank vorheriger Recherche können auch wir mit dem Namen einer Unterkunft aufwarten. Wir haben dort zwar nicht gebucht, wissen aber, dass es zentral liegt und somit die Unterkunftssuche vereinfacht. Dem Fahrer bleibt nichts anderes übrig, als uns missmutig zu „unserer" Adresse zu fahren. In der Straße finden wir dann auch ruckzuck ein prima Guesthouse für einen anständigen Preis. Das war für uns ein kleiner Triumph über die immer mal wieder versuchte Touristenabzocke.

Um die ehemalige Königsstadt mit ihrer großen Anzahl an alten Klosterbezirken, Tempelanlagen und Buddhastatuen zu durchstreifen, mieten wir uns Fahrräder. Auf zwei Rädern entdecken wir eine Menge Trümmerschutt, wie wir diese Tempel-Ruinen liebevoll nennen. Die ausgiebige Rundfahrt erinnert uns ein wenig an Angkor Wat in Kambodscha. Damals hatten wir beim Erkunden der Khmer-Heiligtümer mit unseren Rädern Spuren in den von der Hitze weich gewordenen Asphalt gefahren. Hier in Ayutthaya ist es nicht ganz so heiß, aber eine ausgedehnte Radtour ist trotzdem anstrengend und macht hungrig. So stärken wir uns nach dem Ausflug in einem kleinen Restaurant mit dem stets leckeren Thai-Curry – wie immer in der scharfen Originalversion. Wir sind jetzt gut drei Wochen in Thailand und so langsam kommt die Erkenntnis, dass wir uns wirklich auf einer langen Reise und nicht nur im Urlaub befinden. Es ist immer noch schwer zu realisieren, aber ein unglaublich gutes Gefühl.

6. Bintan/Indonesien – Susanne:

Von Ayutthaya aus fahren wir wieder zurück nach Bangkok, um den Flieger nach Singapur zu nehmen. Das ist wie das Eintauchen in eine andere Welt, die glitzernde 5-Millionen-Metropole ist unglaublich sauber, um nicht zu sagen: steril. Allerdings ist der pulsierende Stadtstaat sehr geschäftig, teuer und humorlos. Da wir Singapur schon bei einem früheren Besuch kennen gelernt hatten, sparen wir die Großstadt bei dieser Reise aus. Wir fahren vom Flughafen aus direkt zum Hafen und besteigen die nächste Fähre nach Bintan, einer indonesischen Insel. Dort erwartet uns ein Paradies mit kristallklarem Wasser, Palmen und Traumstränden. Es ist eine kleine, Singapur vorgelagerte Ferieninsel, die hauptsächlich von Erholungssuchenden aus Singapur besucht wird. Entsprechend ist der Lebensstandard hier ungleich höher als auf den vielen anderen indonesischen Inseln.

Doch um ein bisschen zu entspannen und sich am Luxus eines einsamen Strandes zu erfreuen, gibt es kaum einen perfekteren Platz. So verbringen wir die Tage ausschließlich mit angenehmen Dingen, wie etwa morgendliches Laufen, ausgiebig frühstücken, in der Hängematte oder am Strand liegen, Schwimmen, Lesen, oder ganz einfach Nichtstun. Also wirklich mal das Leben ganz bewusst genießen. Wir gönnen uns also unseren ersten „Urlaub während der Reise". Doch auch das süße Nichtstun geht zu Ende und schon müssen wir uns von Bintan verabschieden. Die Fähre zurück nach Singapur schaukelt mehr als mir lieb ist. Diesmal werde ich aber nicht seekrank, was ich erleichtert zur Kenntnis nehme. Wahrscheinlich liegt es daran, dass ich schon die endlosen Weiten Australiens vor Augen habe. Ob ich wohl noch zu einer richtigen Seeratte werde? Vermutlich nicht.

7. Australien/Outback – Susanne:

Von Singapur aus geht es erst mal mit dem Nachtflieger nach Melbourne. Die Immigration ist schon am frühen Morgen hellwach. Es herrschen strenge Quarantäne-Bestimmungen und so setzt der Zoll eine ganze Meute Spürhunde ein, die munter über das Gepäckband zwischen all den Koffern und Reisenden stöbern. Deren Ziel ist es, Obst, Molkereiprodukte, Fleisch und Drogen aufzuspüren. Wir „Reisefüchse" haben nichts dergleichen im Gepäck und dürfen zügig einreisen. Der kurze Weiterflug bringt uns nach Adelaide im Süden Australiens, dem Startpunkt unserer Rundfahrt. Ein Aspekt der Weltreise ist, dass man sich in jedem Land neu orientieren muss. Wenn man ganz bewusst reisen und aufgeschlossen für Neues sein will, muss man Gewohnheiten ablegen und Flexibilität beweisen. So wollen wir uns auf Kultur, Bräuche und Sitten einstellen und schnell Kontakt zu den Menschen bekommen.

Allerdings müssen wir nicht nur einen anderen Lebensstil übernehmen, sondern auch einen kleinen Temperaturschock verkraften: Aus sonnigen 30°C in Asien sind „im Flug" kühle 12°C in Adelaide geworden. Da es noch dazu in Strömen regnet, ist unser erster Eindruck von Australien ein wenig getrübt. Doch wir haben uns die Reiseroute ja selbst zusammengestellt, also machen wir ein fröhliches Gesicht und übernehmen zuerst mal unseren Mietwagen, einen kleinen Nissan Tiida. Dieser – für australische Verhältnisse – Floh auf vier Rädern soll uns die nächsten drei Monate durch den fünften Kontinent begleiten. Damit das unfallfrei im Linksverkehr klappt, veredelt Ralf ihn mit einem Schalke-Aufkleber. Dieses Ritual hat schon Tradition und seine schützende Wirkung noch nie verfehlt, denn wir waren bei unseren vielen Auslandsaufenthalten noch nie in einen Autounfall verwickelt. Als nächstes passen wir unsere Kleidung den hier herrschenden Temperaturen an, es kommen erstmals unsere platzraubenden warmen Klamotten zum Einsatz, also Fleeceshirt, Softshell- und Regenjacke. Nachdem wir uns ein wenig in Adelaide orientiert haben, gehen wir auf Bettensuche. Wir schauen uns mehrere Unterkünfte an, Hotels, Motels und Hütten auf Campingplätzen. Richtig glücklich werden wir nirgends, denn die Preise sind gesalzen und wesentlich teurer als die in der Reiseliteratur als „durchschnittliche Übernachtungskosten" angegebenen Preise. Noch dazu hat sich der Wechselkurs zu unserem Nachteil verändert. Nach dem Motto „zahlen und fröhlich sein" entscheiden wir uns erst mal für eine Campingplatz-Kabine, die unseren Budgetrahmen allerdings direkt übersteigt. Jetzt können wir in Ruhe überlegen, wie wir die Übernachtungskosten zukünftig senken können, schließlich haben wir noch drei Monate in Australien vor uns. So favorisieren wir Plan B, den Erwerb einer Campingausrüstung. Also marschieren wir in einen Outdoorladen und schauen uns die Zelte an. Hier haben wir Glück, denn es ist ja Winter in Australien und somit keine Campingsaison, was eine große Menge an Sonderangeboten zur Folge hat. Nach guter Überlegung, Abwägen unseres Budgets und entsprechender Beratung entscheiden wir uns für ein Zelt, zwei Isomatten und zwei bequeme Camping-Klappstühle. Zwei dünne Schlafsäcke haben wir ja bereits im Gepäck.

Adelaide und die Umgebung machen einen ansprechenden Eindruck, doch nach drei Tagen haben wir die Nase voll von nasskaltem Wetter und machen uns auf den Weg ins Outback. Wir gehen davon aus, dass es Richtung Norden bald wärmer wird, doch die strahlende Sonne, die nun immerhin da ist, kann nicht über die frostigen Nachttemperaturen hinwegtäuschen.

Die Gegend wird karger, die Strecken endlos und die ersten Roadtrains begegnen uns. Nur zur besseren Vorstellung – ein Roadtrain ist ein Riesen-LKW mit bis zu 4 Anhängern und einer Gesamtlänge von bis zu 53 Metern. Die ersten gewaltigen Ungetüme machen noch ordentlich Eindruck auf uns, doch mit der Zeit haben wir uns an diese Monster auf Rädern gewöhnt. Spannend sind allerdings stets die Überholmanöver, denn die Roadtrains bewegen sich gerne im Bereich der zulässigen Höchstgeschwindigkeit und auf den zweispurigen Highways ist auch mal mit Gegenverkehr zu rechnen. Da fährt man also schon mal eine halbe Minute auf der Gegenfahrbahn, bis man sich vorbeigeschoben hat. Als Belohnung gibt es dann wieder uneingeschränkte Sicht auf die unendlichen Weiten der kargen Landschaft. Die erste Etappe von Adelaide aus Richtung Norden bringt uns nach Port Augusta, dem Tor zum Outback. In dem beschaulichen Ort geht es gemächlich zu, hier ist die Zeit schon vor unserer Geburt stehen geblieben. Nach dem Menschengewimmel in Bangkok oder Singapur und der noch verhältnismäßig dicht besiedelten Stadt Adelaide ist diese Leere und Ruhe schon wohltuend, wenn auch zunächst wieder ungewohnt. Für die Zelteinweihung ist es noch zu kalt, so bleibt es bei einem Übernachtungsstopp im Motel. Am Ende der nächsten Tagesetappe sind wir in Coober Pedy, einer Wüstenstadt, die die weltgrößten Opalminen beherbergt und zur Hälfte unter der Erde liegt. Die Gegend um Coober Pedy ist wirklich einmalig. Um Opale zu finden, haben die 4.000 Einwohner etwa 250.000 Löcher in die Erde gesprengt und gebuddelt.

Der Abraum wird an der Oberfläche zu Maulwurfshügeln aufgeschüttet, die Löcher nicht mehr zugeschüttet. Überall warnen Schilder vor den oft metertiefen und ungesicherten Löchern, manch ein unvorsichtiger Zeitgenosse soll schon hineingeplumpst sein.

Coober Pedy ist echt ein skurriles Örtchen. Im Sommer herrscht hier eine fast unerträgliche Hitze. So sind clevere Bürger schon vor langer Zeit auf die Idee gekommen, die verlassenen Minen und Stollen mit ihren gleichmäßig kühlen Temperaturen als Wohnungen zu benutzen. Die Hälfte der Einwohner wohnt praktischerweise direkt in den Löchern, die sie zu Wohnhöhlen ausgebaut haben. Inzwischen gibt es sogar Geschäfte, Hotels und Kirchen, die halb oder ganz unter der Erde liegen. In den Sommermonaten spielt sich das Leben fast vollständig unterhalb der staubigen Straßen ab. Da bekommt die liebevolle Australien-Bezeichnung „Down Under" noch eine weitere, voll zutreffende Bedeutung. In Coober Pedy begegnen wir auch den ersten Aborigines, den Ureinwohnern Australiens. Allerdings brauche ich einen Moment, um diese verwahrlosten Gestalten am Straßenrand mit meiner Vorstellung von Aborigines überein zu bringen. Völlig apathisch und illusionslos hocken sie dort und trinken wortlos ihr Bier. Offensichtlich ist die völlig verspätet eingeleitete Integrationskampagne voll in die Hose gegangen. Ich bin geschockt! Da kann man nur hoffen, dass die zukünftigen Eingliederungsversuche erfolgreicher ablaufen.

Der Versuch, in einem unterirdischen Hotel einzuchecken scheitert dann an mir, obwohl alles ganz prima und nett eingerichtet ist. Doch die bloße Vorstellung, dass es keine Fenster gibt, die man öffnen kann, und dass das Zimmer unter der Erde liegt, löst bei mir schon während der Besichtigung Atemnot aus. Der Hotelier ist nicht sonderlich überrascht über meine Reaktion und auch nicht böse. Vielmehr erzählt er, dass es außer mir doch noch einige Menschen mehr gibt, die so ihre Probleme damit haben, unter der Erde zu schlafen. So entscheiden wir uns dann ohne schlechtes Gewissen für eine überirdische Unterkunft.

Am nächsten Tag sehen wir uns noch die weiteren Skurrilitäten vor Ort an, z.B. den staubigen Wüstengolfplatz und ungewöhnliche Grabsteine: ein ganz besonderes Exemplar beherbergt auf der Grabsteinplatte ein Bierfass mit Zapfanlage sowie die Inschrift: „Have a drink on me". Statt Blumen schmücken dieses Grab leere Weinflaschen und ein ausgeblichener Strohhut. Vielleicht ein wenig makaber, aber aus unserer distanzierten Perspektive schon sehr lustig. Eine Tour zu den farbigen Bergen, natürlich ebenfalls aufgeschüttete Erdhügel, die in unterschiedlichen Farben schillern, beschert uns unsere erste Känguru-Begegnung. Leider ist es ein wenig scheu, so können wir es nur von weitem betrachten, dennoch sind wir gebührend begeistert, es ist nun mal unser erstes Känguru in freier Wildbahn. Auch den dogfence (Wildhundezaun) können wir auf dieser Tour bewundern. Der Zaun ist 5.320

Kilometer lang und somit der längste auf Erden. Er teilt Australien praktisch in zwei Hälften und dient dazu, die ungeliebten Dingos von den Viehherden fernzuhalten. Nachdem wir nun einen ersten Eindruck vom „schrägen" Outback-Leben bekommen haben, fahren wir in einer Gewaltetappe weiter bis zum Ayers Rock. Gewaltetappe bedeutet in diesem Fall ca. 700 km Outback-Highway, bei wolkenlosem Himmel und gleißender Sonne praktisch immer geradeaus durch die eintönige Flachvegetation fahren. Es ist schon sehr ermüdend, denn Ablenkung gibt es kaum, hin und wieder kommt uns ein Roadtrain entgegen, ansonsten kann man noch die toten Kängurus am Straßenrand zählen.

In der Dunkelheit durchs Outback zu fahren, ist recht gefährlich, denn Rinder, Kühe oder Kängurus können jederzeit und unerwartet auf die Straße springen, da der Highway oft mitten durch Farmland verläuft und die Straßenflanken nur selten durch Zäune gesichert sind. Also achten wir immer darauf, unser jeweiliges Tagesziel möglichst im Hellen zu erreichen. Mit dem Vorsatz, bei Sonnenaufgang auf der Straße zu sein, reißt uns der Wecker um sechs Uhr aus dem Schlaf. Pünktlich bei Tagesanbruch sitzen wir tatsächlich im Auto. Draußen herrschen klare Luft und frostige 3°C. So können wir den wunderschönen Sonnenaufgang „roadmoviemäßig" genießen. Es geht zügig voran und zum Frühstücksstopp auf einem idyllischen Rastplatz haben wir uns mal wieder täuschen lassen. Denn obwohl die Sonne vom strahlend blauen Himmel lacht und die Wüste weitläufig suggeriert, dass es warm sein muss, ist es natürlich immer noch schweinekalt draußen. So mummeln wir uns ein und machen nur eine kleine Pause, bevor es frisch gestärkt weitergeht.

Die Übernachtungsmöglichkeiten in den Roadhouses unterwegs überzeugen uns nicht, so dass wir dort lediglich teures Benzin tanken und unseren Trip zum „Heiligen Fels" fortsetzen. Ziemlich geschafft erreichen wir am späten Nachmittag das hochpreisige Ayers Rock Resort, ein perfekt kommerzialisiertes Touristen-Zentrum zur Vermarktung der heiligen Stätte der Aborigines. Für die nächstgelegene Unterkunft müssten wir 90 km zurückfahren, das macht natürlich keinen Sinn, daher bleiben wir hier. Die Zimmerpreise sind allerdings nicht teuer, sondern direkt unverschämt teuer, also entscheiden wir uns notgedrungen, unser Zelt einzuweihen. Mit dieser ersten Übernachtung auf dem Campingplatz hat sich unsere Anschaffung direkt bezahlt gemacht. Da wir aber nicht für Nachttemperaturen von 2° C gerüstet sind, müssen wir improvisieren. Als Bodendämmung dienen uns ein paar Pappkartons aus dem Supermarkt. Gegen die zu erwartende Kälte kommt das Zwiebelprinzip zum Einsatz, also mehrere Klamottenschichten übereinander. Nach einem Gute-Nacht-Drink mummeln wir uns in unsere Sommerschlafsäcke und freuen uns auf unsere Premieren-Nacht im Zelt.

Schon vor dem Morgengrauen werden wir von der Betriebsamkeit auf dem Campingplatz geweckt. Alle wollen das spektakuläre Farbspiel des Sonnenaufgangs am Ayers Rock sehen. So kriechen auch wir aus dem Zelt und lockern unsere steifen Knochen. Die Nacht haben wir gut überstanden, es war zwar kühl, aber wir konnten durchschlafen. Dann flitzen wir schnell zum Lookout, um den prächtigen Ausblick bei aufgehender Sonne nicht zu verpassen, und wir bekommen tatsächlich ein traumhaft schönes Naturschauspiel zu sehen. Dieser Tag ist schon jetzt unser Tag. Wir packen zügig unsere Klamotten und unser Zelt zusammen, dann machen wir uns auf den Weg zum Uluru (Ayers Rock). Natürlich ist auch hier ganz im Sinne der Besucherabzocke Eintrittsgeld gefragt, was eigentlich in Australien für Nationalparks völlig unüblich ist. Allerdings sollen die hier erwirtschafteten Ticketerlöse zu 100% dem Kata Tjuta-Nationalpark der Traditional Owners, also den Aborigines zugute kommen. Wenn die Gelder sinnvoll verwendet werden, wollen wir uns mal nicht beschweren. Und so starten wir bei wolkenlosem Himmel, strahlendem Sonnenschein und kühlen Temperaturen die 10 km lange Wanderung rund um den „Heiligen Fels". Alle paar Meter verändert sich die Perspektive, alle paar Minuten leuchtet der Ayers Rock in neuen Farben, verändert er seine Konturen, an manchen Stellen ist er beachtlich steil, manchmal gerade so schräg, dass man versucht ist, ihn zu erklimmen. Ein sehr beeindruckender Granitfels, besonders, wenn man sich vorstellt, dass er größtenteils unter der Erde liegt. Rundum ist er gespickt mit heiligen Plätzen der Aborigines. Entsprechend ihrem Glauben ist es fast überall verboten, Fotos zu machen, ebenso ist es inzwischen verboten, ihn zu besteigen. Und so lassen wir diesen gewaltigen Stein auf uns wirken und beschränken unsere Erinnerungsfotos auf die wenigen ausgewiesenen Plätze, an denen das Fotografieren ausdrücklich gestattet ist. Leider muss man auch hier feststellen, dass es im Nationalpark keine Aborigines gibt, zu mindestens können wir keine entdecken. Es ist schwer aus der Besucherperspektive einzuschätzen, ob der Lebensraum der Aborigines noch vorhanden ist oder eben empfindlich gestört. Vermutlich dürfen sie die heiligen Plätze „ihres" Uluru nur an ausgesuchten Tagen ungestört besuchen, um dort traditionelle Feiern zu zelebrieren. Es bleibt jedenfalls ein ungutes Gefühl, was die Lebensbedingungen der Ureinwohner betrifft, bei uns zurück.

Da wir keine weitere kalte Nacht in dem überteuerten Touristenkomplex verbringen wollen, machen wir uns gegen Mittag auf den Weg Richtung Alice Springs. Unser Picknick auf einem staubigen Rastplatz wird unerwartet spaßig, da Ralf mit einem vorwitzigen Emu um sein Mittagessen kämpfen muss. Der drollige Zeitgenosse kommt aus der Ferne herüber spaziert und steuert recht zielsicher auf unseren Picknickplatz zu. Und ehe Ralf sich versieht, hat er einen aufdringlichen Mitesser für sein karges Mahl. Wir amüsieren uns köstlich. Und lehrreich ist es obendrein, wir haben bis zu diesem Tag jedenfalls nicht gewusst, dass Emus gerne Ölsardinen aus der Dose mögen. Nachdem wir drei den gröbsten Hunger gestillt haben, heißt es Abschied nehmen von unserem gefiederten Gast. Weiter geht es Richtung Outback-Zentrum. Ca. 90 km vor Alice Springs siegt dann die Müdigkeit und wir mieten uns in Stuart Wells in einem Roadhouse ein.

Die Roadhouses im Outback sind echt skurril. Hier sind wir mal wieder in einem außergewöhnlichen „Unterschlupf" gelandet, und wir haben die Vermutung, dass der folgende Abend noch lustig wird. Das Essen, welches wir

bis 17.00 Uhr vorbestellt haben müssen, um dann um 18.30 Uhr die einzig mögliche Mahlzeit im Umkreis von 90 km zu bekommen, verspricht reichhaltig zu werden. Denn hinter dem Tresen nimmt die Mutter, ein ausgemergeltes Persönchen, die Bestellung auf und gibt sie an ihre als Köchin fungierende Tochter, die freundlich geschätzt das dreifache Gewicht ihrer Mutter auf die Waage bringt, weiter. So tauchen wir dann pünktlich um 18.30 Uhr mit gebührendem Hunger auf, um unser Abendessen entgegenzunehmen. Service wird im Outback eher klein geschrieben, es funktioniert in diesem Fall wie folgt: Wir suchen uns einen Tisch in diesem „Einraum-Restaurant-Pub-

Veranstaltungssaal", besorgen uns Besteck und warten. Dann kommt der erwartet lautstarke und burschikose Zuruf, d.h. wir dürfen unsere Speisen an der Theke abholen, und siehe da: Die „Dicke" in der Küche versteht zu kochen, die Kamelburger sind ausgesprochen schmackhaft. Außer uns haben sich noch sechs weitere Gäste hierher verirrt, ein Pärchen und eine Familie mit zwei Kindern. Nach dem Essen wird es richtig gemütlich und lustig in dieser Einöde. Das Highlight des Abends ist eine musikalische Darbietung von Dinky, einem Dingo, also einem Wildhund. Sein Besitzer, ein gemütlicher Vollbarttyp, erzählt uns in aller Ausführlichkeit, wie Dinky vor Jahren Freundschaft mit den Töchtern des Hauses geschlossen hat. Er kam immer häufiger zu Besuch und fühlte sich anscheinend besonders wohl, wenn jemand dem alten Klavier ein paar Töne entlockte. Während der Bärtige seine Geschichte zum Besten gibt, liegt Dinky unbeteiligt auf dem Boden. Als allerdings der erste Klavierton ertönt, springt der Hund tatsächlich völlig eigenständig auf und erklimmt die Klaviatur. Mit seinen Pfoten entlockt er dem Piano einige schräge Töne, indem er sich vor und zurück bewegt. Wir amüsieren uns köstlich. Aber Dinky hat seinen Zuhörern noch mehr zu bieten. Mit inbrünstigem Geheul begleitet er sein eigenes Klavierspiel. Der aus dem Publikum hinzugerufene Junge, der mit am Piano sitzt, wird immer kleiner und schaut ehrfürchtig zu dem Wildhund auf, der mehr oder weniger über seinem Kopf singt und heult. Wir müssen Tränen lachen, es ist einfach urkomisch. Aus den weiteren Erzählungen geht hervor, dass Dinky in Australien ein Star ist. Held unzähliger Presseartikel und routiniert im Umgang mit Funk und Fernsehen, unter anderem hat die BBC eine Dokumentation über ihn gedreht. Wir finden Dinkys Auftritt nicht nur wegen seiner Musikalität erstaunlich, sondern auch weil Dinky entgegen aller normalen Dingo-Verhaltensweisen die Nähe der Menschen sucht. Ja, die Welt steckt wirklich voller Überraschungen.
Die nächste Tagesetappe ist mit nur 90 km geradezu ein „Sprint". So können wir den Tag in aller Ruhe angehen und genießen den Weg nach Alice Springs. Mittlerweile ist es Mitte August, also immer noch Winter in Australien, doch langsam wird es ein wenig wärmer. So können wir nachmittags schon mal im T-Shirt in der Sonne sitzen, ein echter Genuss. Ralf kommt abends ganz aufgekratzt vom Laufen zurück und berichtet, dass er jede Menge Kängurus in einer Parkanlage gesehen hat. Ich will die Kängurus natürlich auch aus nächster Nähe sehen, also flitzen wir noch schnell mit dem Auto rüber zum Stadtgarten.

Und siehe da, die putzigen Beuteltiere futtern immer noch friedlich Gräser und Blätter und hoppeln kreuz und quer über die Wiese. Sie fühlen sich durch unsere Anwesenheit offensichtlich nicht gestört, denn plötzlich sind wir von Kängurus umringt. Ein schönes kleines Erlebnis in der Abenddämmerung. In der Zivilisation von Alice Springs erholen wir uns ein wenig von den Outbackstrapazen, bevor wir die zweite Hälfte des so genannten Explorers Way durchs Outback in Angriff nehmen. So machen wir uns mal wieder morgens recht zeitig auf den Weg, um die nächste Etappe bis Tennant Creek zu bewältigen. Unterwegs während unserer Frühstücksrast versuche ich mal wieder einen Roadtrain zu fotografieren, doch diese Monster sind einfach zu lang für meine Kamera und ohne Weitwinkel nicht zu bändigen.

Als Location für unsere nächste Mittagspause haben wir uns ein weiteres Natur-Highlight ausgesucht: Die Devils Marbles, eine Ansammlung riesiger runder Granitkugeln, ein wirklich spektakulärer Hingucker. Diese „Murmeln" – in den Augen der Aborigines die Eier der Regenbogenschlange – sind unser Ziel und eine willkommene Abwechslung auf der stundenlangen, eintönigen Highwayfahrt. Allerdings müssen wir unsere geplante Verweildauer stark einschränken, denn hier machen wir zum ersten Mal die unangenehme Bekanntschaft mit den Sandflies, total nervenden Fliegen, die uns immer wieder ins Gesicht fliegen und piesacken. Insektenbegegnungen, auf die wir gerne verzichten können. So begnügen wir uns damit, zwischen den kugelrunden Felsen herumzuklettern und ein paar Fotos zu schießen. Es sieht wirklich so aus, als wären die Steine vom Himmel gefallen, denn die nähere Umgebung ist, wie so oft im Outback, eher platt und unspektakulär. Da unsere Mittagspause den Sandflies zum Opfer gefallen war, kommen wir schließlich etwas früher, dafür um so hungriger in Tennant Creek an. In der Überzeugung, dass wir nun die wärmeren Gefilde erreicht haben, steuern wir direkt den Campingplatz an und bauen unser Zelt auf. Es ist noch nicht wirklich warm, aber deutlich angenehmer als am Ayers Rock und damit eine wirklich gute Entscheidung. So können wir die abendliche Lagerfeuer-Buschpoeten-Romantik mit Jimmy Hooker erleben. Der kauzige Bushtuckerman, der viele Jahre bei den Aborigines gelebt hat, gibt hier auf dem Campground allabendlich seine Outback-Anekdoten zum Besten. Zu vorgerückter Stunde macht er seinem Namen alle Ehre und kredenzt uns „Bushtucker", also Nahrung aus der Natur nach Aborigine-Art. Ralf darf die im Lagerfeuer gerösteten Maden probieren und ist erstaunt: Die unappetitlich aussehenden Eiweißbomben schmecken überhaupt nicht eklig, sondern sind für Freunde von Knabbereien sogar ein Genuss: Die Maden schmecken wirklich wie Erdnüsse. Menschen wie Jimmy, die sich in dieser unwirtlichen Einsamkeit behaupten, nötigen uns Städtern echten Respekt ab. Es ist die Kombination aus „schrägen" Typen, skurrilen Örtchen und der einmaligen Natur, die das Outback für uns so faszinierend macht. Die farbintensiven Sonnenuntergänge in violett/glutrot, die den stahlblauen Horizont überfluten, werden abgelöst vom unglaublichen Sternenhimmel. Und allgegenwärtig ist diese endlose Weite.

Die nächste Etappe führt uns wieder durch eine ausgedehnte Savannenlandschaft und der allgegenwärtige rote Staub wird langsam zur Plage. Inzwischen haben sich die feinen Körnchen im Auto, in den Schuhen, in den Klamotten, kurz: überall verteilt. Mit stoischem Gleichmut und der Gewissheit, dass es allen anderen Leuten im Outback auch nicht besser ergeht, lässt es sich halbwegs ertragen. Geschniegelte Typen mit gebügelten Hemden und blankgeputzten Schuhen sucht man hier jedenfalls vergeblich. An diesem Abend landen wir eher zufällig in Daly Waters, da uns die wenigen vorherigen Übernachtungsmöglichkeiten nicht wirklich zugesagt haben. Dafür ist der Daly Waters Pub mit angeschlossenem Campingplatz unerwartet originell. Das Gelände rund ums Roadhouse diente der Fluggesellschaft Qantas in den Dreißiger Jahren als Versorgungsstation, hier konnte man also Benzin,

Getränke und Lebensmittel erhalten. Daran hat sich bis heute nichts geändert, außer dass inzwischen Autofahrer und Camper statt Piloten hier Station machen. So ist die Umgebung recht skurril, überall erzählen altgediente Helikopter und Flugzeugteile von der geschichtsträchtigen Vergangenheit. Der Mittelpunkt von Daly Waters ist zweifelsfrei der Pub, liebevoll dekoriert mit jeder Menge Büstenhalter und anderen kuriosen Souvenirs.

Hier gibt der Postbote die Briefe und Päckchen für die Farmer im weiten Umland ab, hier wurden die Kneipenszenen des Films „Crocodile Dundee" gedreht und hier ist abends immer was los. Inzwischen haben wir den Eindruck, dass sich die einzelnen Roadhouses mit ihren Unterhaltungskünstlern gegenseitig ausstechen wollen. Denn auch in Daly Waters geht wieder ein „schräger Typ" seiner heiteren Bühnenarbeit nach. Dieser Entertainer spielt passabel Gitarre und trällert australische Gassenhauer, womit er das bierselige Publikum sofort auf seiner Seite hat. Sein optisches Markenzeichen ist allerdings einmalig. Der Typ trägt einen breitkrempigen Hut in Form eines Hauses, auf dessen Dach ein riesiger, lebendiger Adler thront. Ein klarer Fall für „Australien sucht den Superstar". Inzwischen macht das Zelten richtig Spaß, es ist nachts nicht mehr so kalt und die Campingplätze liegen in der (fast) unberührten Natur. Hier, in Daly Waters, grasen Kängurus in unmittelbarer Nähe der Zelte und jede Menge Papageien bieten ebenfalls gute Unterhaltung. Die Lorikeets, wir haben sie „Schreihälse" getauft, machen einen unglaublichen Radau und knuffen sich so herrlich an den wenigen Wasserstellen, weil jeder zuerst trinken möchte. Die knallbunten Papageien sorgen jedenfalls zuverlässig für ein stets lautstarkes Spektakel.

Nach soviel Outback, Wüste, rotem Staub und Trockenheit sehnen wir uns inzwischen nach Flüssen, Teichen oder Seen. Die bisher überquerten Flussbetten waren allesamt ausgetrocknet, was einerseits mit der Jahreszeit, andererseits mit dem Klimawandel zu tun hat, unter dem Australien besonders stark leidet. Sinkende Grundwasserspiegel und übersäuerte Seen geben Anlass zu echter Sorge. Daher ist der nächste Übernachtungsstopp eine willkommene Abwechslung für uns. Der Elsey-Nationalpark erscheint uns wie eine Oase. In smaragdgrünen Thermalquellen können wir uns stromabwärts treiben lassen, vorbei an farbenfrohen Seerosen und der grünen Dschungelvegetation. Es ist eine echte Erfrischung, mal wieder im Wasser plantschen zu können.

Langsam werden wir zu Dauercampern und haben auch hier das „Outdoor-Lager", in unmittelbarer Nachbarschaft zu den knuffigen Wallabies angesteuert. Inzwischen gehören Kängurus zu unserem Urlaubsalltag und wir können uns gar nicht mehr vorstellen, dass wir sie noch vor wenigen Wochen als echte Exoten betrachtet haben.

Weiter nördlich, im Top-End bei Katherine beginnen die Tropen und die Temperaturen steigen schlagartig an. Die Informationstafeln hauen uns glatt aus den Socken, es gibt Warnschilder, die vor Tagestemperaturen von 50°C warnen. Folglich suchen wir uns auf dem Campingplatz des Nitmiluk-Nationalparks lieber ein schattiges Plätzchen. Wir freuen uns schon auf weitere hautnahe Erlebnisse mit den Buschtieren. Die Tage beginnen hier noch weit vor Sonnenaufgang mit einem imposanten Konzert. Hunderte exotische Vögel zwitschern und trällern, andere kreischen oder brüllen in einer immer wieder erstaunlichen Lautstärke. Weitere Mitglieder der endemischen Tierwelt sind die uns bereits ans Herz gewachsenen Kängurus, nachtaktiv und tagsüber nur selten zu sehen.

Die nimmersatten Zeitgenossen futtern die ganze Nacht, am liebsten Gras und Blätter von ganz bestimmten Bäumen. Allerdings gibt es auch „Feinschmecker", die sich auf Pappkartons spezialisiert haben. Dies dürfen wir während einer turbulenten Nacht miterleben. Ein besonders hartnäckiges Beuteltier hat Geschmack an unserer Zelt-Eingangsmatte aus Pappkarton gefunden. Kaum sind wir eingeschlafen, knabbert das Pelztier daran herum. Vom Rascheln werde ich wach und liefere mir mit dem Känguru ein erbittertes

Tauziehen um die Pappe, bis ich das Streitobjekt unter unser Vorzelt ziehen kann. Ha, ich habe gesiegt und wir können jetzt weiterschlafen. Gute Nacht!

Kurze Zeit später raschelt es erneut, das Känguru hat die Matte irgendwie wieder hervorgeholt und knabbert genüsslich daran herum. In Etappen kämpfen wir um die Pappe, die nach jeder Fressattacke kleiner wird und schließlich nicht mehr als Eingangsmatte eingesetzt werden kann. Klarer Punktsieg für das einheimische Beuteltier: Die Pappe befindet sich im Känguru-Magen und wir haben kaum ein Auge zugetan – eine amüsante Episode, an die wir uns sicher noch lange mit einem Schmunzeln erinnern werden.

Um aus einem schönen Urlaubstag einen „perfekten" Tag zu machen, gönnen wir uns abends gerne mal ein Gläschen Wein. Nachdem wir bereits seit einiger Zeit in Australien unterwegs sind, haben wir inzwischen einige merkwürdige Regularien zur Weinbevorratung kennen gelernt. In der Stadt Katherine soll sich eine weitere Überraschung hinzugesellen: Voller Vorfreude betreten wir einen der riesigen Konsumtempel, doch unsere systematische Weinregalsuche endet im Nichts, selbst Bier können wir nicht finden. In unserer Hilflosigkeit fragen wir die nette Verkäuferin, ob sie uns weiterhelfen kann. „Oh ja, Sie müssen nach nebenan in den Liquor Store gehen". – „Okay, vielen Dank." Um 11.30 Uhr stehen wir also vor dem Liquor Store und nehmen verblüfft die Öffnungszeiten zur Kenntnis: 14.00 – 18.00 Uhr. Okay, andere Länder – andere Sitten. Wir schlendern durch die Stadt, checken E-Mails im Internetcafé und vertrödeln unsere Zeit. Um viertel vor Zwei bewegen wir uns wieder Richtung Liquor Store, wo sich inzwischen eine beachtliche Warteschlange gebildet hat. Punkt 14.00 Uhr strömt die kaufwillige Meute ins Innere des Ladens, und nur wenige Sekunden später stehen die Stammkunden mit den Getränken ihrer Wahl bereits an der Kasse. Wir hingegen machen uns erst mal mit dem Warenangebot vertraut, denn wir wollen ja ein wenig Vorrat für die nächsten Wochen einkaufen. Das ist die Idee, doch dann entdecken wir die Preisetiketten: Die australischen Weine waren uns bereits als recht hochpreisig aufgefallen, doch hier im Northern Territory sind sie noch teurer. Bei unserer Reisedauer von einem Jahr und entsprechend beschränktem Budget kommen die einheimischen Tropfen für uns also nicht in Frage. So wählen wir den bewährten chilenischen Roten, da stimmen erfahrungsgemäß Qualität und Preis. An der Kasse erwartet uns die nächste Überraschung: Wir sollen unseren Reisepass vorzeigen, was allerdings nichts mit unserem jugendlichen Aussehen zu tun hat, sondern mit dem hier herrschenden „Alkohol-Limit". Freundlich werden wir aufgeklärt: „Jede Person darf pro Tag maximal zwei Liter Wein kaufen!" Verblüfft nehmen wir die Konsumbremsen-Vorschrift zur Kenntnis, stellen uns brav mit dem zweiten Reisepass und einem weiteren 2-Liter-Weinkanister an die Kasse und verschwinden anschließend wieder in der Weite des Outbacks… So machen wir uns auf den Weg in den nächsten Nationalpark noch weiter nördlich im Northern Territory. Endlich haben wir eine Gegend erreicht, in der es reichlich Bäche und Seen gibt. Doch hier draußen droht Gefahr: Beim Schwimmen in kristallklaren Naturpools und in Flüssen lauern „Freshies", zwei Meter lange Süßwasserkrokodile, die aber harmlos sein sollen. Gefährlicher sind die „Salties", die lebensgefährlichen und bis zu sieben Meter langen Leistenkrokodile. Die unübersehbaren Warnschilder mahnen, auch in Deutsch, zu erhöhter Aufmerksamkeit. So wird im tropischen Australien jeder erfrischende Badespaß mit einer Prise Adrenalinkick gewürzt. Wieder unversehrt an Land, entdecken wir bis zu sechs Meter hohe Termitenkathedralen im Litchfield Nationalpark, die zu Hunderten das Landschaftsbild prägen. Die einzigartigen Kompasstermiten richten ihre imposanten Bauten exakt nach dem Sonnenstand aus, was angeblich das Wohnklima für die fleißigen Krabbler positiv beeinflusst. Abends vor dem Zelt sitzend machen wir erstmals Bekanntschaft mit den stattlichen Kakadus, die uns mit ihrem munteren Getöse noch längere Zeit begleiten sollen. Nach soviel geballter

Natur freuen wir uns auf ein bisschen Zivilisation und machen uns auf den Weg nach Darwin, der nördlichsten Stadt in Australien. Plötzlich gibt es wieder jede Menge Menschen und die gewohnte Infrastruktur. Die quirlige Stadt ist voll von Teenies, viele davon Deutsche mit einem Work-and-Travel-Visum. Das Highlight der Woche ist der sonntägliche Markt am Mindil Beach, der in den Abend hinein zelebriert wird. Man kann dort prima flanieren, an Trödelständen feilschen und zu Livemusik den Sonnenuntergang am Strand genießen. Wirklich sehr schön, doch der Markt hat auch Tücken – Besucher sind „licensed to bring your own" – zu deutsch: es gibt keinen Alkohol zu kaufen, es ist aber ausdrücklich erlaubt, sich sein Getränk mitzubringen! So hocken die „Aussies" auf ihren mitgebrachten und mit den unverzichtbaren Bierdosen gefüllten Riesen-Kühlboxen am Strand. Dank guter Vorabinformation sind auch wir vorbereitet und müssen während des Sunsets nicht auf dem Trockenen sitzen. Doch diese merkwürdigen und ständig wechselnden Alkoholverbote in der Öffentlichkeit lassen uns immer wieder aufs Neue staunen. Frei nach Obelix: "Die spinnen, die Aussies!"

Recht schnell haben wir genug vom Stadtleben und machen uns doch lieber wieder auf den Weg in den nächsten Nationalpark. Diesmal wollen wir den Kakadu-Nationalpark, der zu recht zum UNESCO Welterbe gehört, durchstreifen. Neben den allgegenwärtigen Krokodilwarnungen wird nun auch noch verstärkt vor Schlangen gewarnt. Wir streben dem Frühling entgegen, da werden die Reptilien erfahrungsgemäß lebhafter. Doch wer nicht wagt, der nicht gewinnt. Wir wollen der Natur nahe sein und müssen beim Zelten eben ein paar Vorsichtsmaßnahmen beherzigen. Die nächtlichen Pinkelgänge, schlaftrunken und mit einer Taschenlampe bewaffnet, sind stets kleine Mutproben. Schließlich raschelt es im Busch gerade nachts fast ununterbrochen, aber wir haben verständlicherweise kein gesteigertes Interesse daran, die Urheber der Geräusche ausfindig zu machen. Tagsüber lassen wir uns von der grandiosen Landschaft, den rauen Steilwänden, spektakulären Schluchten, weitläufigen Feuchtgebieten und den 20.000 Jahre alten Felszeichnungen am Ubirr-Rock beeindrucken. Auf einer Anhöhe sitzend, den Blick in die Ferne gerichtet, können wir die Magie dieses heiligen Ortes spüren. Da das Outback nicht mit einem flächendeckenden Straßennetz überzogen ist (vielleicht heißt es ja deshalb Outback) und unser zuverlässiger Kleinwagen nicht über Allradantrieb verfügt, müssen wir nun zunächst etwa 1.000 km Richtung Süden zurückfahren. Es sind wirklich unglaubliche Dimensionen. Es ist, als müsste man Deutschland von Nord nach Süd durchqueren, um die nächste Abbiegung zu erreichen. Der Abstecher in den hohen Norden hat sich für uns durchaus gelohnt, da nimmt man diesen „kleinen Umweg" doch mit einem Augenzwinkern in Kauf. So haben wir uns noch einige interessante Ziele für den Rückweg aufgehoben, damit bei all dieser Kilometerfresserei keine Langeweile aufkommt. Bis Tennant Creek, wo wir endlich Richtung Ostküste abbiegen können, machen wir noch zwei Übernachtungsstopps. Ein angenehmer Aspekt dieser Rundfahrt ist, dass wir nicht gezwungen sind, jede Tagesetappe bis ins kleinste zu planen. Mit dieser Flexibilität können wir auch mal spontan in kleinen Käffern hängen bleiben. So verschlägt es uns diesmal auf einen netten Campingplatz, der völlig unerwartet über eine weiche Wiese als Untergrund verfügt. Bisher hatten wir immer auf staubigen Steinböden fluchend unsere Heringe verbogen. Zudem gibt es abends im angeschlossenen Pub auch noch richtig gutes Essen und prima Musik. So ist Pine Creek ein schöner Zwischenstopp, der sich zufällig auf unsere Route geschlichen hat. Die Weiterfahrt Richtung Süden lockern wir mit Wanderungen in den reichlich vorhandenen Nationalparks auf. Wenn wir dann unterwegs kleine Wasserfälle oder natürliche Pools entdecken, gehen wir immer mal wieder spontan plantschen. Nach so viel Wüste und Ödnis ist jede Erfrischung willkommen. Zurück in Tennant Creek steuern wir direkt wieder „unseren" Campingplatz an, wo wir das Zelt ganz in der Nähe von Jimmy Hookers „Lagerfeuer-Bühne" aufbauen. So können wir noch ein zweites Mal zuhören, wie Jimmy aus seinem abenteuerlichen Leben erzählt, während die vorhandene Grillstation für ein leckeres Barbecue nutzen. Am nächsten Tag geht es dann endlich ostwärts. Wir haben geglaubt, die größte Einöde bereits hinter uns gelassen zu haben, doch es kommt anders. Jetzt wird es erst richtig spannend. Am Straßenrand tauchen Schilder auf, die davor warnen, dass es die nächsten 260 km keine Tankstelle gibt. Mit dem Auto durch diese Steppe zu fahren ist eine echte Herausforderung, ich kann kaum mehr als 200 km am Stück fahren, ohne einzuschlafen. Ralf schafft es auf bewundernswerte Weise immer wieder, sich über viele Stunden zu konzentrieren. Bei extremer Hitze und fehlendem Radioempfang hilft auch schon mal ein feuchtes Kopftuch, alle Sinne auf Empfang zu halten.

Camooweal mit seinen 380 Einwohnern als abendliches Etappenziel ist ein kleines Ärgernis für uns, denn an diesem Samstag haben die wenigen Geschäfte und Pubs bereits geschlossen. So bleibt uns ein spartanischer Aufenthalt nicht erspart und wir machen uns gleich am nächsten Morgen wieder auf den Weg. Diesmal wollen wir eine größere Stadt ansteuern. Mount Isa ist das Ziel, doch auch hier lauert eine Überraschung auf uns. Die Bergarbeiterstadt liegt im Sonntagsschlaf. Die Supermärkte haben alle bereits geschlossen. Nur mit einem Tante-Emma-Laden haben wir Glück, denn entgegen den Angaben auf dem Öffnungszeiten-Schild ist das Geschäft noch nicht geschlossen. Rasch kaufen wir das Nötigste ein, und kaum sind wir aus der Tür, wird der Laden verriegelt. Das war knapp und eine lehrreiche Lektion für uns. Wir legen viel Wert auf einen stets ausreichenden Getränkevorrat im Auto, doch wegen der raschen Verderblichkeit haben wir Lebensmittel bisher täglich eingekauft und somit keine große Vorratshaltung betrieben. Das wollen wir zukünftig ändern. Das Rätsel mit den Öffnungszeiten lösen wir am nächsten Morgen auch noch, denn wir hatten die Grenze nach Queensland überfahren und nicht mitbekommen, dass es in diesem Bundesland eine halbe Stunde Zeitverschiebung zum Northern Territory gibt. So waren wir zwei Tage lang „Zeit verkehrt" unterwegs, was wir mit einem Schmunzeln quittieren, denn dem Glücklichen schlägt ja bekanntlich keine Stunde. Nun sind wir zeitlich wieder im Takt, es ist zehn Uhr morgens, wir haben noch eine lange Autofahrt vor uns und müssen bald aufbrechen. Um letzte Vorräte einzukaufen, streifen wir zu Fuß durch die City, als wir einen geöffneten Bottleshop entdecken. Entschlossen betreten wir den Laden, der Bier, Wein und hochprozentige Getränke anbietet. Wir werden schnell fündig und stellen die ausgesuchten Weine auf den Verkaufstresen. Der Verkäufer mustert uns von oben bis unten und erklärt lapidar: „Ich kann Ihnen leider keinen Wein verkaufen!" – „Warum nicht?" – „Weil es jetzt erst zehn Uhr ist – Wein und hochprozentige Getränke gibt es aber erst ab Zwölf." – „Ach, und warum haben Sie bereits geöffnet?" – „Weil Sie jetzt schon Bier kaufen können." – „Na gut, dann kaufen wir eben einen Sixpack Bier." – „Gerne, aber wo ist Ihr Auto?" – „Wieso interessiert Sie unser Auto, wir wollen Bier kaufen. Unser Auto steht auf dem Parkplatz." – „Dann kann ich Ihnen das Bier nicht verkaufen." – „Und warum nicht?" – „Bei uns können Sie nur einkaufen, wenn Sie mit dem Auto kommen, dies ist nämlich ein *Drive-In-Bottleshop*!" Völlig verdutzt und wieder um eine lustige Begebenheit reicher verlassen wir den Laden. Und zwar ohne Getränke.

Von Mount Isa aus fahren wir über den Matilda-Highway wieder Richtung Norden zum Golf von Carpentaria. Der Highway dorthin ist recht schmal und verjüngt sich häufig ohne Ankündigung zu einer einzigen Spur. Als uns auf dieser Straße nach einiger Zeit ein Geländewagen entgegenkommt, wird es spannend, denn wir wissen nicht so recht, wer jetzt Vorfahrt hat. Ralf reduziert die Geschwindigkeit und beobachtet das andere Auto. Der Fahrer fährt mit seinem Offroader einfach ungebremst mit den äußeren Rädern auf der unbefestigten Piste weiter, also tun wir es ihm gleich. Allerdings sind wir ja nicht mit einem Allradfahrzeug unterwegs, was in dieser Region schon sehr ungewöhnlich ist, wir müssen beim Verlassen der Straße stets besondere Vorsicht walten lassen. Als uns dann allerdings ein Roadtrain mit vier

Anhängern und voller Fahrt entgegen kommt, verzichten wir gerne freiwillig auf unsere halbe Fahrspur und quetschen uns mit unserem kleinen Mietwagen am äußersten Fahrbahnrand ins Gebüsch.

In Normanton haben wir ein Prachtexemplar von Campingplatz erwischt, gut gelaunt schlagen wir unser Zelt auf dem inzwischen gewohnt steinigen Untergrund auf. Dann kommt die freudige Überraschung: Mitten in dieser staubigen Abgeschiedenheit befindet sich ein 25m Swimmingpool. Wir lassen uns nicht zweimal bitten und stürzen uns direkt in die erfrischenden Fluten. Abends am Camp-Lagerfeuer versammeln sich die zusammen gewürfelten Gäste: Langzeitcamper, Leute auf der Durchreise, Angler, Viehtreiber und wir. Zum Sonnenuntergang gibt eine Buschpoetin „Waltzing Matilda" mit der Gitarre zum Besten, und alle „Aussies" stimmen textsicher und voller Inbrunst mit ein. Das Lied über einen Wanderarbeiter im Outback vermittelt auf sentimental/ironische Weise ein Gefühl von Freiheit und Unabhängigkeit, wie es die Australier lieben und wird deshalb als die heimliche Nationalhymne bezeichnet. Den Text der echten Nationalhymne kennt dagegen angeblich kaum ein Australier.

Der Tagesausflug nach Karumba am Golf von Carpentaria ist auch recht reizvoll. Wir freuen uns schon auf ein Bad im Meer, doch unser Enthusiasmus wird durch eine Vielzahl von Krokodilwarnschildern im Keim erstickt. So verwerfen wir unseren Plan und gucken uns ein wenig in dem verschlafenen Örtchen um. Auf dem Rückweg sehen wir in den Feuchtgebieten noch Borelias, riesige Vögel, die sich hier in Nordaustralien wohl fühlen. Der Swimmingpool auf dem Campingplatz entschädigt uns für das verpasste Bad im Meer und ein farbenfroher Sonnenuntergang rundet diesen schönen Tag ab.

8. Australien/Ostküste – Susanne:

Der weitere Weg Richtung Osten, immer das Ziel Küste vor Augen, ist noch lang und so heißt die Devise: Kilometer abreißen. Unterwegs haben wir ein besonders trauriges Erlebnis, an dem ich noch eine ganze Weile zu knabbern haben werde. Auf der Straße liegt ein totes Känguru, doch aus dem Tragebeutel lugt ein lebendiges Känguru-Baby heraus, welches allerdings auch verletzt ist. Ralf will es mitnehmen, aber ich bin leider anderer Meinung. Ich bin der festen Überzeugung, dass wir diesem winzig kleinen Geschöpf, was noch ganz nackt ist, nicht mehr helfen können. So dränge ich schweren Herzens darauf, es liegen zu lassen. Wir fahren weiter in den nächsten Ort, wo wir uns in der Visitor-Information Kartenmaterial und Unterkunftslisten besorgen wollen. Plötzlich geht die Tür auf und ein australisches Ehepaar, das wohl kurz hinter uns die Unfallstelle passiert hat, bringt das kleine Känguru herein. Wir erfahren, dass es in diesem Ort eine Aufpäppelstation für solche Opfer gibt. Ich bin unglaublich froh, dass das Tier nun doch noch gerettet werden kann.

Die weitere Etappe wird wieder ganz schön lang, da wir uns mit dem ursprünglichen Ziel nicht anfreunden können und folgerichtig die weit entfernte nächste Ortschaft ansteuern müssen. Beiläufig erzählt Ralf, dass er Schmerzen im Fußgelenk hat und nicht mehr lange weiterfahren kann. Das ist mal wieder typisch für meinen Liebsten. Vor zwei Tagen war er mit dem Fuß umgeknickt, hatte mir aber verschwiegen, dass der Fuß stark angeschwollen war und nun ordentlich Schmerzen verursacht. Also muss ich das Steuer übernehmen. Kurz vor Einbruch der Dunkelheit erreichen wir dann einen netten Campingplatz an einem Seeufer. Den nehmen wir. Es gibt sogar noch einen kleinen leckeren Snack in der Camping-Kantine zu futtern. Die Nacht ist ruhig, bis die munteren Vögel uns mit ihrem Gezwitscher wecken. In dieser Gegend gibt es mehrere heiße Quellen, so auch auf unserem Campingplatz. Wir nutzen die unterschiedlich heiß temperierten Bäder als Muntermacher und starten dann topfit in den Tag.

Die Landschaft ändert sich schlagartig, die Vegetation strahlt in kräftigem grün. Erst wollen wir es nicht so recht glauben, doch dann sind wir uns sicher: Das Outback liegt hinter uns. Die Tablelands liegen vor uns. Eben noch dürre Vegetation, Hitze und Staub, und jetzt, fast übergangslos, fahren wir bei kühler

Witterung durch den Regen. Die endlos langen Geradeausstrecken wandeln sich in kurvenreiche Dorfstraßen, glückliche Kühe auf üppigen Weiden prägen plötzlich die Landschaft, an manchen Passagen sieht es aus wie im Bergischen Land. In Malanda suchen wir uns dann ein Quartier, eine Cabin auf einem Campingplatz. Es ist zu nass zum Zelten und Ralfs Fuß braucht Schonung und viel Eisbeutel-Kühlung. So legen wir hier eine mehrtägige Ruhepause ein und erkunden die nähere Umgebung. Schon alleine von unserer Terrasse aus gibt es viel zu sehen. Die Tierwelt ist sehr aktiv, so kommt uns z.B. ein Kookaburra besuchen.

Dieser größte Eisvogel der Welt, der wegen seiner lustigen Laute auch „Lachender Hans" genannt wird, posiert für uns auf einem nahen Baum, fast hat es den Anschein, als wollte er unbedingt fotografiert werden. Auch auf dem nahe gelegenen Regenwaldwanderweg hat die Natur einiges zu bieten. Wasserschlangen, Wasserschildkröten und Bushturkeys können wir bewundern. Die Bushturkeys hatten schnell ihren Spitznamen „Bundesadler" weg, denn diese neugierigen Truthähne sind schwarz, rot und gelb gefiedert und hätten damit exzellente Chancen, unser Nationalvogel zu werden. Das erstaunlichste Tier in der Gegend ist allerdings der sehr scheue Platypus, eine Art Biber mit Entenschnabel, den wir in einem Bach entdecken. Der Platypus hat Sensoren in seinem biegsamen Schnabel, was ihm bei der Futtersuche sehr von Nutzen ist. Da Ralfs Fuß noch immer geschwollen ist, verbringen wir relativ viel Zeit in unserer Hütte. Irgendwann greife ich zum ersten Mal während unserer gesamten bisherigen Reise zu einer Fernbedienung und zappe durch die TV-Kanäle. Plötzlich empfangen unsere Ohren vertraute Töne. Ich stutze, gucke noch mal und pruste spontan los: Da läuft doch tatsächlich „Kommissar Rex" im Fernsehen, und zwar auf deutsch mit englischen Untertiteln. Kaum zu glauben, wir befinden uns im tiefsten Australien und gucken deutsche Krimis. So nehmen wir uns vor, an den folgenden Donnerstagen stets eine Unterkunft mit TV zu ergattern, denn wir wollen die Uralt-Abenteuer von „Kommissar Rex" nicht verpassen. Nein, dass hat mit Heimweh nichts zu tun, aber während solch einer langen Reise freut man sich nun mal über ein kleines Stück Unterhaltung aus der Heimat.

Der weitere Weg Richtung Küste führt uns durch Kuranda. Der Ort ist recht bekannt und populär für seine spektakuläre Eisenbahnstrecke und die Hippie-Märkte. Die Eisenbahnfahrt klemmen wir uns aufgrund der recht stattlichen Preise. Also schlendern wir über die Märkte. Hier gibt es tatsächlich Hippies, allerdings handeln die bereits nach dem Prinzip der Gewinnmaximierung. Dementsprechend sind deren Preisvorstellungen ein wenig übertrieben. Außer der optischen Hülle ist nichts mehr geblieben von der alternativen Hippie-Szene. Trotzdem ist der Abstecher nach Kuranda eine willkommene Abwechslung nach dem wochenlang eingeschränkten Warenangebot. Hier ist die Lebensmittel-Auswahl schon etwas reichlicher, so dass ich mit diversen Zutaten meine Koch-Kreativität ausleben kann und ein Känguru-Thai-Curry koche. Das Menü-Experiment gelingt und schmeckt ganz vorzüglich.

Die Straße von Kuranda an die Küste bedarf einer besonderen Erwähnung, denn wir müssen gefühlte 500 Kurven bewältigen. Nach zigtausend „Geradeauskilometern" eine echte Herausforderung für Mensch, Maschine und Lenkung.

Port Douglas gefällt uns auf Anhieb, hier wollen wir ein paar Urlaubstage auf dem sehr schönen Campingplatz einlegen. Doch der Schein trügt, ein paar lautstarke Franzosen stören die Nachtruhe empfindlich und so ist am nächsten Morgen vielköpfiges Abreisen angesagt. Außer uns verlassen noch diverse andere Gäste den Campground. Der Ärger weicht schnell uneingeschränkter Freude, denn so landen wir in einer komfortablen Ferienanlage und können dank eines Supersonderangebotes ein herrliches Appartement mieten und mal ein wenig im Luxus schwelgen. Der private Whirlpool hat einen hohen Stellenwert bei uns, schließlich waren wir wochenlang dem Staub im Outback ausgesetzt. Hier wollen wir ein paar Tage relaxen. Das Baden im Meer ist zwar ein eher kühles Vergnügen, aber die Lufttemperaturen sind doch angenehm warm. Wenn wir nicht gerade relaxen, verbringen wir die Tage mit Strandspaziergängen, einer Bootstour mit Krokodil- und Seeadler-Beobachtungen, netten Happy-Hour Snacks im Yachthafen oder der Besichtigung eines uralten Dreimasters – Urlaub eben.

Doch jeder Urlaub geht einmal zu Ende, so müssen wir uns vom süßen Nichtstun verabschieden und uns wieder auf den Weg machen. Nun geht es südwärts, an der Ostküste entlang. Im Hinterland von Cairns finden wir den bisher besten Campingplatz auf unserer ganzen Tour und fühlen uns pudelwohl. Der Stadtrundgang in Cairns ist auch ganz spaßig. Hier gibt es mitten im Zentrum direkt am Meer ein wunderschönes Freibad, das kostenlos für Jedermann zugänglich ist. So kann man nach Lust und Laune plantschen, auf dem angeschütteten Sandstrand liegen und aufs Meer gucken, ohne stets auf Krokodile achten zu müssen. Dann füllt sich unser Anekdotenbuch in Sachen Weinkauf um eine weitere Merkwürdigkeit. Hier, im Stadtgebiet von Cairns, können wir keinen Wein vor vier Uhr nachmittags erstehen. Alcohol is strictly prohibited. Doch nur zwei Straßen weiter buhlen gleich mehrere Bottleshops mit prima Angeboten um Kunden!?!

Langsam holen uns die australischen Schulferien ein und die Unterkunftssuche wird zum echten Hindernislauf. Das Wetter ist, obwohl kalendarisch Frühling, nicht sehr beständig und damit fällt das Zelt als gemütliche Unterkunft einige Male buchstäblich ins Wasser. So zockeln wir weiter Richtung Süden und werden letztlich mehr oder weniger gezwungen, noch mal einen Abstecher ins Outback zu machen, da einfach alle zahlbaren Unterkünfte ausgebucht sind. Auch in Townsville versuchen wir, ein Bett zu finden. Allerdings vergeblich. Doch die angekündigten Feste und Märkte wollen wir uns wenigstens noch anschauen. Direkt der erste Markt ist an Skurrilität kaum zu überbieten. Ich komme aus dem Lachen überhaupt nicht mehr heraus. Es ist, als wären wir in einem schlechten Low-Budget-Western gelandet. Ein talentfreier Alleinunterhalter, mutig unpassend gekleidet, gibt schaurig-schlechte Volksweisen von sich. Doch das geschmacklose Bühnenbild mit Panzern und Kanonen übertrifft den üblen Auftritt des Countrysängers noch um Längen. Die johlenden Zuschauer vervollkommnen das groteske Bild. Die Leute sehen aus, als wären sie in einem von jeglichen Kultureinflüssen abgeschnittenen Tal aufgewachsen.

Nun ja, die Engländer hatten Australien ursprünglich als Gefangeneninsel missbraucht. Die Nachkommen der damaligen Ganoven müssen ja auch irgendwo sein, vielleicht stehen gerade einige von ihnen vor uns. Wirklich schade, dass wir hier keine vernünftige Übernachtungsmöglichkeit gefunden haben. Also brechen wir auf nach Charters Towers. Doch die Schulferien haben auch den Betten-Vermietern von Charters Towers volle Zimmer beschert und so sind wir froh, überhaupt noch eine Unterkunft für die nächsten beiden Tage zu finden.

Mit Mieträdern erkunden wir die Gegend. Die Tour bringt uns den schon vermissten Kängurus wieder näher, auch Tausende von Fledermäusen gibt es zu bestaunen. Aber neben der üblichen Vogelschar machen wir auch die unliebsame Bekanntschaft mit den Magpies – Elstern – die gerade Brutzeit haben und aggressiv ihre Nester verteidigen. Obwohl wir nicht mal wissen, wo sich die Nester befinden, fliegen die Biester heimtückische Angriffe auf unsere Hinterköpfe. Dank der Helmpflicht radeln wir mit Kopfschutz durch die Gegend, und so verrutschen beim Sturmangriff der Elstern nur die Fahrradhelme, uns passiert weiter nichts. Einige Tage später aber, wir sind wieder zurück an der Küste, geht Ralf eine Runde laufen, während ich mich in ein Buch vertiefe. Er kommt mit einer blutenden Platzwunde am Hinterkopf zurück. Eine Elster ist hinterlistig mit dem Schnabel voraus gegen seinen Schädel geflogen, und ich kann mich jetzt als Krankenschwester beweisen. Diese Aussies! Warnschilder ohne Ende, aber Hinweise auf attackierende Elstern sind nicht zu sehen.

Die Bettenknappheit der letzten Tage zwang uns zum rastlosen Weiterfahren, jetzt sehnen wir uns nach ein paar Tagen Ruhe. Also setzen wir unsere Hoffnungen auf den nächsten Ort. Und siehe da, in Bowen werden wir prompt fündig. Da greifen wir natürlich schnell zu und mieten uns direkt für mehrere Tage ein. Das Wetter ist eher durchwachsen, doch der Campingplatz hat unerwartet viel zu bieten. Zufällig sind wir auf einem Platz für Dauercamper gelandet und so sind wir ungewollt die Attraktion im Revier, denn durch uns erhoffen sich die Dauergäste etwas Abwechslung. So haben wir ruckzuck Gesellschaft, wenn wir uns nach draußen vor unsere Cabin setzen. Schnell stellt sich heraus, dass sich auch deutsche Auswanderer auf dem Platz befinden, die sich freuen, mal wieder ein bisschen deutsch sprechen zu können. Wir werden unfreiwillig Zeugen des üblichen Campingplatztratsches und amüsieren uns köstlich, wenn jeweils über die abwesenden Leute gelästert wird. Genießen können wir die Situation wahrscheinlich nur deshalb, weil wir jederzeit weiterfahren können. Im Gegensatz zu den Langzeitcampern. Das deutsch-englische Pärchen, was erst im Rentenalter nach Australien ausgewandert ist, hat es uns besonders angetan. Claire, als der englische Teil dieses Paares, jammert permanent, dass sie Heimweh hat. Allerdings will sie nicht zurück nach England, sondern nach Deutschland! Sie erzählt uns, dass sie weder das Essen in Australien noch in England genießen kann, seit sie ein paar Jahre in Deutschland gelebt hat. Und so wundert es uns auch nicht, dass sie sich regelmäßig einige Spezialitäten (u.a. Hela-Ketchup) aus Deutschland schicken lässt. Fiete hingegen, der ehemalige Seemann aus Kiel, schimpft den lieben langen Tag über die angeblich so oberflächlichen und kulturlosen Australier. Wir fragen uns im stillen Kämmerlein, warum die beiden wohl in Australien leben, wenn sie es eigentlich gar nicht leiden können. Claire und Fiete rechnen wir mal den Integrationsunwilligen zu. Doch es gibt auch Gegenbeispiele. Rudi, ein Deutscher, der bereits 1954 nach Australien kam, ist ein „Aussie aus Überzeugung" geworden und will das Land „nie wieder" verlassen. Fiete und Rudi ziehen in Abwesenheit des jeweils anderen gerne mit Kraftausdrücken übereinander her, doch wenn es dann zum Sundowner geht, sitzen sie in schöner Eintracht beim Dosenbier zusammen. Wir amüsieren uns köstlich. Die Truppe wird noch um ein australisches Pärchen bereichert, das jeglichen Besitz verkauft hat und bereits seit zwei Jahren im Wohnmobil durch Australien tourt. Er als passionierter Golfer wirkt auf dem Campingplatz ein wenig fehl am Platze, und sie liebt es, ausgiebig zu tratschen. Schon bald hat sie eine „beste Freundin" gefunden, eine schrille und laute Australierin, die mit einem extrem ruhigen Neuseeländer die Monate verbringt. Das abendliche Barbecue, zu dem wir uns alle versammeln, wird typisch australisch zelebriert: Gegessen wird im Stehen mit Plastiktellern und Plastikbesteck. Gekrönt wird diese Aussie-Gemütlichkeit von der Art und Weise, wie man vermeintlich guten Wein verköstigt. Der passionierte Golfspieler kommt mit einer, wie er meint, guten Flasche Rotwein und will unbedingt, dass wir ihn probieren. Zu diesem Zweck hat er, ganz weltmännisch, Weingläser mitgebracht. Die bauchigen Gläser entpuppen sich jedoch auch als Plastikbecher. Da schmeckt der teure Wein direkt noch mal so gut… Jedenfalls wird viel getrunken, viel gelacht und die Stimmung entwickelt sich prächtig.

Am nächsten Tag ist mal wieder Aufbruch angesagt, diesmal steht uns eine erfreulich kurze Etappe bevor. Wir haben uns Airlie Beach als Ziel ausgesucht, denn von dort aus wollen wir zum Great Barrier Reef. Doch Airlie Beach gefällt mir überhaupt nicht, eine Backpacker-Partyoase, nichts für mich. Wir mieten uns schließlich auf einem Campingplatz ein, dessen Zeltplätze mit privaten Dusch- und WC-Häuschen ausgestattet sind. Das ist zwar ein wenig teurer, aber eben auch viel komfortabler. Abends glotzen uns plötzlich zwei leuchtende Kulleraugen an, es ist ein neugieriges Possum auf Futtersuche. Die Nachtruhe verdient ihren Namen diesmal nicht, da Fledermäuse und andere nachtaktive Tiere ihre Nachtaktivität lautstark demonstrieren. Wunderbare Welt der Tiere...

Etwas unausgeschlafen starten wir zum Weltkulturerbe Great Barrier Reef, dem der Küste vorgelagerten 2.300 km langen Korallenriff. Wir haben uns für einen Bootstrip an den Whitsunday Islands vorbei zum äußeren Riff entschieden, wo 150 km vom Festland entfernt plötzlich eine schwimmende Unterhaltungsplattform vor uns auftaucht. Hier draußen erwartet uns neben Tauch-Equipment eine Filmvorführung über das Riff, eine Rutsche ins Meer, ein Glasbodenboot und ein U-Boot mit Fenstern im Bootsrumpf. Ein feines Buffet und eine Bar mit Discobeschallung runden das Angebot ab. Auf dieser künstlichen Insel gibt es also alles, was unterhaltungswillige Tauchtrip-Teilnehmer bei Laune halten kann. Was für ein Kontrast zu der atemberaubenden Unterwasserwelt: Korallen und Schwämme in allen erdenklichen Farben und Formen bilden die Spielwiese für 2.000 Fischarten. Manche Schwärme flüchten scheu bei der kleinsten Bewegung, andere vorwitzige Fische hingegen saugen neugierig am Glas unserer Taucherbrille. Hinter jedem Korallenhügel entdecken wir neue Spezies: Da tummeln sich große und kleine, niedliche und hässliche, gut getarnte und knallbunte Fische. Wir begegnen Rochen und dicken Kugelfischen, doch unser Favorit ist der grell gemusterte Clownfisch. Nach 90 Minuten, viel zu kurz, ertönt der „Abpfiff", es bleibt gerade noch Zeit für ein kleines Häppchen, dann geht es zurück an Land. Es war unbestritten ein tolles Erlebnis, doch selbst hier am äußeren Riff ist das Wasser etwas eingetrübt, was vermutlich auf die Verschmutzung durch uns Tauchtouristen zurückzuführen ist. Es ist eben ein sehr schmaler Grat für uns Menschen, die großartige Natur bewundern zu wollen, ohne sie zu beschädigen.

Der nächste Inseltrip führt uns nach Fraser Island, mit 124 x 15 km die größte Sandinsel der Welt, und dementsprechend ein Eldorado für Allradfreaks. Mit einem speziell für die tiefen, sandigen Pisten gebauten Offroader mit riesiger Bodenfreiheit durchpflügen wir die Inselpfade und werden herrlich durchgerüttelt. Auf dem so genannten Strandhighway gilt Tempolimit 80 km/h und erhöhte Aufmerksamkeit wegen regelmäßig landender Propellerflugzeuge. Süßwasserseen und kristallklare Flüsse bieten erfrischenden Badespaß, aber das erstaunlichste ist die Vegetation: Farne, Palmen und riesige Kaurifichten bilden einen dichten Regenwald – wohlgemerkt auf reinem Sandboden – einmalig. So ereignisreich geht dann auch unsere Zeit in Hervey Bay, unserer Ausgangsstation für Fraser Island, vorbei. Wir machen uns wieder auf den Weg Richtung Süden, doch der australische Schulferientourismus stört unsere Reiseplanung weiterhin. Diesmal ist die Bettensuche besonders ermüdend, weil ein Wochenende vor uns liegt. Da hatten wir wohl zu leichtfertig unsere prima Unterkunft in Hervey Bay aufgegeben. Andererseits: Wenn man eine Rundfahrt macht, muss man auch ab und zu mal weiterfahren. Wir versuchen es wieder mit Ausweichmanövern ins Hinterland, doch auch hier ist die Situation aussichtslos. Teilweise haben Hochzeitsgesellschaften (!) komplette Campingplätze angemietet und so geht unsere Suche weiter. Nach vielen vergeblichen Versuchen in unzähligen Dörfern und Städten haben wir in einem verschlafenen Nest wenigstens ein Dach über dem Kopf bekommen. Der Landstrich ist berüchtigt für heftige Regenschauer. In einem Ort entdecken wir sogar ein kleines Museum, das die alljährlichen Überschwemmungskatastrophen dokumentiert. Erfrischend selbstironisch haben die Stadtväter das Museum in der Form eines überdimensionalen Gummistiefels bauen lassen. Wir sind uns einig, dass Zelten hier keine wirklich sinnvolle Option ist und fahren weiter.

So erreichen wir Brisbane schneller als geplant und sind damit seit Wochen mal wieder in einer Großstadt. Bei unserem morgendlichen Lauf auf der Uferpromenade sind wir leicht irritiert. Nachdem uns in Australien bisher kein einziger Läufer begegnet ist, sind hier in Brisbane unglaublich viele Leute aktiv. Tausende sind mit Laufschuhen oder Fahrrädern unterwegs. Einige Sportler laufen sogar mit einem Rucksack zur Uni oder zum Job. Umweltschonender und preiswerter kann man seinen Arbeitsplatz nicht erreichen. Und fit sind die Typen obendrein. Nach einem ausgedehnten Gruppenlauf teilt sich die Gruppe: Die einen gehen arbeiten, die anderen dürfen studieren, und für uns gibt es Frühstück. Dann machen wir uns auf den Weg in die Stadt. Durch die exponierte Lage am Fluss mit netten Cafés an der Uferpromenade und dem kostenlosen Freibad sammelt Brisbane weitere Pluspunkte bei uns. Mit dem „City-Cat", einer modernen Katamaran-Fähre, unternehmen wir eine kurzweilige Flussrundfahrt auf dem Brisbane-River. Vom Oberdeck aus genießen wir Sonne und Fahrtwind, während am Ufer die Stadtteile an uns vorbeigleiten. Wieder an Land, wandern wir zum Seefahrt-Museum, erkunden den Botanischen Garten und amüsieren uns im modernen Stadtzentrum. Weiter geht es dann wieder in ländlichere Gefilde. Am

Straßenrand gibt es Koalabär-Warnschilder ohne Zahl, doch so oft wir auch anhalten, wir können die knuffigen Pelztiere einfach nicht entdecken, sie halten sich wirklich gut versteckt. In einem extra dafür ausgewiesenen Wald, in dem es eine große Koala-Population geben soll, machen wir einen ausgiebigen Spaziergang. Doch selbst mit geduldiger Suche und Ferngläsern gelingt es uns nicht, auch nur ein einziges Exemplar aufzustöbern. Stattdessen entdecken wir ein Känguru, das stolz sein Baby im Beutel spazieren trägt. Ein herrliches Bild.

Nachdem wir schon einschlägige Erfahrungen mit den verschiedenen Zeitzonen in Australien gemacht haben, wird es dann beim Übergang von Queensland nach New South Wales richtig lustig, obwohl wir diesmal vorbereitet sind. Diese Bundesländer liegen in derselben Zeitzone, also kein Zeitunterschied. Allerdings gilt in New South Wales im Gegensatz zu Queensland die Sommerzeit, also doch eine Stunde Zeitunterschied. Im pittoresken Urlaubsort Coolangatta haben sie uns jedoch schon wieder reingelegt: Während wir um 15 Uhr die Strandpromenade entlang schlendern, ist es eine Querstraße weiter bereits eine Stunde später. Des Rätsels bizarre Lösung: Die Landesgrenze verläuft kurioserweise mitten durch die Stadt! Je weiter wir uns Richtung Süden bewegen, desto schwieriger wird es, am Wochenende Unterkünfte zu ergattern. Wir versuchen uns auf diese Situation einzustellen und planen strategisch immer so, dass wir spätestens Freitag eine Unterkunft gefunden haben und keinesfalls vor Sonntag weiterfahren. Byron Bay ist der östlichste Punkt Australiens, und von dem auf einer hohen Felskante stehenden Leuchtturm aus hat man eine tolle Aussicht. Die Parkplatzbetreiber in unmittelbarer Nähe des Leuchtturms machen gute Geschäfte, da ein Großteil der „Aussies" übergewichtig und lauffaul ist. Aber nicht mit uns, denn nur 200 Meter weiter gibt es kostenlose Parkplätze. Von dem Aussichtspunkt aus können wir in einiger Entfernung tatsächlich Wale entdecken. Und während Ralf mit seinem Fernglas den Horizont vergeblich nach Delfinschulen absucht, sehe ich ganz beiläufig in direkter Ufernähe einige der Meeressäuger fröhlich durchs Wasser pflügen. Unsere andauernden Versuche, Koalas zu finden, werden dann letztlich auch noch belohnt, allerdings an völlig unerwarteter Stelle. Nelson Bay steuern wir an, da sich dieses Örtchen einen guten Namen für weitere Wal- und Delfin-Beobachtungen gemacht hat. So machen wir es uns auf den hohen Sanddünen bequem und starren auf den Ozean hinaus, allerdings ohne ein einziges Meerestier zu entdecken. Auf dem Heimweg „stolpern" wir stattdessen völlig unerwartet über die lang gesuchten Koalabären. Eigentlich hatten wir die Hoffnung schon aufgegeben, doch hier, zwischen Astgabeln der Eukalyptusbäume haben wir sie gefunden, hier gehen die drolligen Burschen ihren beiden Leidenschaften nach. Manche futtern ausdauernd die nahrhaften Blätter, die direkt vor ihrer Stupsnase wachsen, andere dösen friedlich vor sich hin. Dank ihrer stressfreien Lebensweise haben es die Koalas bis zum Maskottchen in „Down Under" gebracht.

Begleitet von trübem Wetter rollen wir unserem australischen Zielort Sydney entgegen. Doch zuvor wollen wir noch die Wälder der Blue Mountains, den so genannten Hausbergen von Sydney, durchstreifen. Hier oben ist es kalt und regnerisch, da sind wir echt happy, dass wir eine Unterkunft mit beheizbarer Bettdecke ergattern können. Der morgendliche Crosslauf rund um die Felsformation Three Sisters gerät mal wieder zu einem kleinen Abenteuer. Die drei Felsnadeln, die wir tags zuvor vom Aussichtspunkt nur wenige Meter vor uns gesehen hatten, sind nun im dichten Nebel komplett verschwunden, die

Sichtweite liegt bei ca. zwei Metern. Nun geht es, praktisch im Blindflug, erst mal Tausend Naturstufen steil bergab in ein tiefes Tal, wo der Regenwald dampfend erwacht. Vielstimmiges Tiergeschrei schallt durch den Dschungel, im Gebüsch raschelt es allerorten und das lebhafte Vogelgezwitscher kündet vom anbrechenden Tag – einfach wunderbar. Der holprige Bushtrail führt, noch menschenleer, direkt an der steilen Felswand entlang. Später, nach dem mühsamen Wiederaufstieg, können wir weit über das Tal blicken und beobachten, wie die rasch stärker werdende Sonne den Morgennebel vertreibt und die Schönheit des Tals Stück für Stück freigibt. Grandios!

Jetzt wollen wir unsere bisher so gelungene Australien-Rundreise mit dem abschließenden Sydney-Besuch krönen. Unsere übers Internet vorgebuchte Unterkunft entpuppt sich als Volltreffer. Ich hatte die Suche nach der Wohnung den Schwerpunkten Preis und Ausstattung untergeordnet und mich nicht wirklich um die Lage gekümmert. Bei dem Mietpreis hatten wir nichts wirklich Tolles erwartet, umso angenehmer ist die Überraschung. Die Unterkunft liegt so zentral, dass wir zu Fuß ins Zentrum laufen können. Es gibt einen kostenfreien Parkplatz und ein prima Zimmer mit Blick ins Grüne. In unmittelbarer Nachbarschaft liegt ein Park, der ans Meer grenzt. Also wirklich eine Toplage. Bei der ersten Umgebungserkundung entdecken wir auch einen Secondhand-Buchladen und da unsere Tage in Australien praktisch gezählt sind, haben wir ein ernsthaftes Interesse daran, das Gewicht unseres Reisegepäcks zu reduzieren. Also erkundigen wir uns, ob der Händler Interesse an deutschen Büchern hat. Tatsächlich können wir ihm unsere mittlerweile stattliche Bibliothek von dreizehn Büchern, die sich in den letzten drei Monaten angesammelt hatte, zu einem erstaunlich guten Preis verkaufen. Wir haben unser Gepäck um einige Kilos erleichtert und sind um ein bisschen Taschengeld reicher. Das sind so die kleinen Freuden des Langzeit-Reisenden. Auch das Wetter spielt wieder mit. Nachdem die letzten Tage in den Bergen kühl und manchmal regnerisch waren, präsentiert uns Sydney mit 38° Celsius den heißesten Tag des Jahres. So gönnen wir uns im Sommeroutfit einen netten Mittagssnack am Yachthafen und genießen das gemächliche maritime Treiben. Der Rückweg führt uns durch den Botanischen Garten, wo sich selbst die Fledermäuse Luft zufächeln, um die Hitze zu lindern. Die nächsten Tage beinhalten auch für uns das klassische Touristenprogramm, wir besuchen unter anderem die Harbour Bridge und das Opernhaus. Den Sky-Tower schauen wir uns allerdings nur von unten an, denn ich bin nicht mehr völlig schwindelfrei. Sydney, eine der schönsten Städte der Welt, hat ganz schön was zu bieten, allerdings wimmelt es nur so von Touristen. Der Botanische Garten wird zu unserem Lieblingsstopp, denn hier haben wir unsere Ruhe und können uns mit den riesenhaften weißen Kakadus anfreunden.

Es ist schon ein tolles Erlebnis, wenn diese imposanten Vögel auf einem herumspazieren und aus der Hand fressen, als würde man sich schon lange kennen. Wir sind echt beeindruckt.
Weniger beschaulich geht es bei Ralfs Jetboatfahrt durch Sydneys Hafen zu. Dank der rasanten Reaktion des Düsenantriebs bekommen die Schiffe unglaubliche Wendemanöver hin. So rast er mit einem Jetboat übers Wasser, um dann abrupt und ungebremst 360-Grad Drehungen zu machen. Das bringt heftige Adrenalinkicks für die Bootsinsassen, gewürzt mit kräftigen Gischtduschen bei jeder Drehung. Ich bevorzuge allerdings den Zuschauerplatz am Pier. An einem Samstag findet eine Benefizveranstaltung mit Live-Musik und kulinarischen Angeboten im Hyde Park statt (Ja, auch in Sydney gibt es einen Hyde Park). Hier machen wir nochmals Bekanntschaft mit den merkwürdigen australischen Sitten rund um das Thema Alkohol. Wir kommen so gegen 16.30 Uhr im Park an, wollen es uns auf dem Rasen gemütlich machen und ein paar unterhaltsame Stunden verbringen. Doch da haben wir mal wieder die Rechnung ohne den Wirt gemacht. Die Besucher haben alle schon ganz

ordentlich getankt, was uns ein wenig wundert. Doch kurze Zeit später wird klar, warum die „Aussies" es mit dem Trinken so eilig hatten. Ein Offizieller verkündet, dass der Ausschank von alkoholischen Getränken um 17.00 Uhr beendet wird – an einem Samstagnachmittag bei einer Benefizveranstaltung. So verlassen Heerscharen von Besuchern die Veranstaltung und auch wir schlendern weiter.

Langsam geht unser dreimonatiger Aufenthalt in Australien zu Ende. Hier auf dem roten Kontinent haben wir unglaubliche Kontraste kennengelernt: fantastischen Artenreichtum, eindrucksvolle Landschaften, moderne Städte, abgeschiedene Orte und endlose Einöde. Wenn man im Outback unterwegs ist, verflucht man es nach einiger Zeit, wenn man allerdings in der Zivilisation angekommen ist, sehnt man sich fast schon wieder dahin zurück, es ist eine Art Hassliebe, aber in jedem Fall eine Reise wert. Wir haben 13.500 Kilometer in unserem kleinen Mietauto zurückgelegt, nette Menschen kennen gelernt und viele Eindrücke gesammelt, doch für Wehmut bleibt keine Zeit. Schließlich freuen wir uns schon auf ein weiteres Land, andere Menschen und neue Abenteuer.

Unser nächstes Ziel ist Neuseeland, also steht mal wieder eine Flugreise für uns auf dem Programm. Der Wecker piept um 5.30 Uhr, rasch duschen, die restlichen Klamotten in den Rucksäcken verstauen, den Wohnungsschlüssel abgeben und um 6.30 Uhr abfahren. Ein letztes Mal tanken wir unseren kleinen Mietwagen voll, bevor wir durch das Straßengewirr von Sydney Richtung Airport fahren. Wir parken das Auto, laden das Gepäck aus und geben den Schlüssel am Schalter der Autovermietung ab. Bei der nun folgenden Fahrzeugbesichtigung hat der Kontrolleur nichts zu beanstanden. Zack, das war's, das war Australien. Vermutlich um uns den Abschied zu erleichtern, ergießt sich ein kräftiger Regenschauer über Sydney. Dann stehen wir vor dem Check-In und sind gespannt, ob unser Plan funktioniert. Wir haben uns vorgenommen, die in Adelaide erstandene Campingausrüstung bestehend aus Zelt, zwei Stühlen und zwei Iso-Matten mit nach Neuseeland zu nehmen. Zu dem Zweck haben wir ein in reißfeste Plane verschnürtes Paket gebastelt, das wir nun am Gepäckschalter aufgeben wollen. Und tatsächlich nimmt die Qantas alle unsere Klamotten ohne Aufpreis mit. Gute Airline! Zum Abschied gönnen wir uns ein Glas Sekt. Good bye Australia!

9. Neuseeland/Südinsel – Ralf:

Aotearoa – das Land der langen weißen Wolke empfängt uns am Flughafen von Christchurch tatsächlich mit einer langen weißen Wolke. Dazu gesellen sich heftiger Wind, Regen und kühle Temperaturen. So macht der Maori-Name dem Land direkt alle Ehre. Die Einreiseformalitäten bringen wir zügig hinter uns, doch die Quarantäne-Bestimmungen sind noch rigoroser als in Australien. Nun ja, die Angst vor eingeschleppten Krankheiten rechtfertigt wohl diese aufwändige Prozedur. Wir haben Outdoor-Equipment dabei und werden somit zum Ziel der eifrigen Zöllner. Wir müssen unser gut verschnürtes Paket öffnen und das Zelt zum desinfizieren abgeben. Die Vorgehensweise ist sehr zeitaufwendig, allerdings nicht gerade konsequent, denn man wird z. B. gefragt, ob man Wanderschuhe im Gepäck hat. Lautet die Antwort „Nein", ist alles in Ordnung, lautet die Antwort jedoch „Ja", muss man diese auspacken und auch zum Desinfizieren abgeben. Die Kiwis glauben noch an das Gute im Menschen und vertrauen darauf, dass jeder Einreisende die Wahrheit sagt.

Nachdem wir auch diese Hürde genommen haben, machen wir uns auf den Weg, den gebuchten Mietwagen abzuholen. Da in Neuseeland das Mietpreisniveau deutlich niedriger als in Australien ist, gönnen wir uns für die nächsten zwei Monate ein recht großes Fahrzeug. So haben wir die Option, den Wagen mit wenigen Handgriffen in ein Campmobil mit zwei Schlafmöglichkeiten umzubauen, denn Zelten im neuseeländischen Klima kann schon mal unangenehm kühl und feucht werden. Wir wollen von Fall zu Fall entscheiden, ob wir zelten, im Campmobil oder in einer festen Unterkunft übernachten. Zuerst mal nächtigen wir in einem Appartement ohne Heizung, allerdings mit beheizbaren Bettdecken. Die Tage hier auf der Südinsel sind deutlich länger als in Australien. Man merkt direkt, dass wir uns weiter vom Äquator entfernt haben und dadurch den Einfluss des Frühlings genießen dürfen. Die ersten beiden Tage nutzen wir zur Akklimatisierung und Vorratsbeschaffung sowie mit dem Einrichten unseres „Wohn-Autos". Christchurch ist eine schöne Stadt, hier fühlen wir uns direkt wohl. Interessante Architektur, freundliche Fußgängerzonen, nette Straßencafés und gepflegte Grünanlagen laden zu ausgiebigen Spaziergängen ein. Am nächsten Tag klart es auf und wir können voller Vorfreude unsere Rundreise beginnen. Die vorherrschende Landschaftsfarbe in Neuseeland ist grün, doch der Frühling beschert uns tolle Farbkontraste in Form von blühenden Feldern. Auf den idyllischen Weiden grasen jede Menge Schafe, insgesamt sollen es über 40 Millionen sein, von denen einige als schmackhafter Lammbraten enden. An der Ostküste fahren wir die Panoramastraße Richtung Norden. Aus dem Wagen heraus können wir riesige Delfinschulen beobachten. Manche Sprung gewaltige Akrobaten führen uns sogar spektakuläre Saltosprünge vor. Auch die Seehunde haben sich exponierte Plätze direkt am Straßenrand ausgesucht. Das führt natürlich dazu, dass wir ständig „Beobachtungsstopps" einlegen müssen und dementsprechend nur langsam vorwärts kommen.

Der Ort Kaikoura gefällt uns besonders gut: Strand, Meer, schneebedeckte Berge am nahen Horizont, tolle Wanderwege am Rande der Steilküste, dazu Delfine und Seelöwen in Sichtweite, hier kann man es aushalten. Bei der Unterkunftssuche landen wir einen wirklichen Glücksgriff in Form einer Ferienwohnung beim ehemaligen Bürgermeister von Kaikoura, der uns direkt zum Angeln einlädt. Yes, die „Kiwis" sind nette und hilfsbereite Leute.
Morgens werden wir von strahlendem Sonnenschein geweckt, beim Blick aus dem Fenster begrüßt uns eine Traumkulisse, denn in den Bergen hat es geschneit. Das ermuntert uns zu einer kleinen Bergtour, die ebenso schön wie kalt ist.
Obwohl es in Neuseeland keine gefährlichen Tiere gibt, kann es schon mal zu kleinen Schrecksekunden kommen: Bei einer Wanderung zur frei zugänglichen

Robben-Kolonie springt plötzlich ein Seelöwe knurrend aus dem Straßengraben hervor. Vermutlich haben wir ihn beim Nickerchen gestört, jedenfalls hat er uns mindestens genauso erschreckt, wie wir ihn. Bei einem weiteren Ausflug entdecken wir einen kleinen Teich mit Wasserfall, zu dem Robben-Mütter gerne ihren Nachwuchs bringen, wenn sie zur Futtersuche ins Meer hinaus schwimmen. Das Gewässer wird also als Seelöwen-Kindertagesstätte benutzt. Und so spielt der kleine Bursche unbeeindruckt von unserer Anwesenheit in dem Teich, Langeweile scheint er jedenfalls nicht zu haben. Der Weg nach Picton führt an schönen Küstenstreifen und tollen Buchten vorbei, die uns weitere Seelöwen- und Delfin-Begegnungen bescheren. Die Nordspitze der Südinsel ist in jedem Fall einen Besuch wert. Die Serpentinenstrecke von Picton nach Havelock bietet z.b. viele tolle Aussichten, die wir bei einem Picknick genießen. Rund um Blenheim gibt es viele Weingüter, die preiswerte Weinproben in schönem Ambiente anbieten. So kommen wir bei einem Snack und einem Glas Sauvignon Blanc ganz ungezwungen mit den Winzern und Gästen ins Gespräch. Die Stimmung in diesen Weingütern kann man durchaus als ausgelassen bezeichnen, wobei wir die Anwesen, bei denen mehrere Reisebusse auf dem Parkplatz stehen, stets meiden und eher die kleinen aufsuchen. Eine kurvige Küstenstraße führt nach Marlborough, wo wir eine schöne Wanderung in den Marlborough Sounds unternehmen. Das Highlight dieser Region ist aber wohl der Abel-Tasman-Nationalpark, benannt nach dem ersten Europäer, der hier 1642 an Land ging. Mit einem Tagesrucksack bewaffnet starten wir von unserer Unterkunft in Motueka aus zur Sandy Bay im Abel-Tasman-Nationalpark, wo wir unseren Wagen parken. Während der einstündigen Fahrt im Wassertaxi können wir bereits einen Eindruck von der Schönheit der Region ergattern.

In Tonga Bay werden wir an Land gelassen und haben nun vier Stunden Zeit, um bis nach Torrent Bay zu marschieren. Der Küstenwanderweg ist einer der schönsten des Landes. Wir wandern durch üppiges Buschland an Höhlen, Kalkstein- und Marmorhügeln vorbei und überqueren wackelige Hängebrücken. Am Onetahuti Beach ist der Wegabschnitt den Gezeiten unterworfen, hier kommt man nur bei Ebbe durch, aber wir sind prima im Zeitplan, so wird dieser Abschnitt keine feuchtfröhliche Angelegenheit. Hinter den riesigen Farnen, der Nationalpflanze der „Kiwis", gibt es immer wieder Ausblicke auf goldfarbene Strände und blaugrün schimmerndes Meer. In Torrent Bay, wo uns das Wassertaxi wieder einsammeln will, haben wir noch eine halbe Stunde Zeit, die Bucht zu erkunden und uns an den Strand zu legen. Die abschließende Fahrt mit dem Motorboot an der traumhaften Küstenlinie entlang rundet diesen Ausflug ab.

Die folgende Nacht wollen wir erstmals in unserem Campmobil verbringen. In Motueka finden wir einen prima Stellplatz direkt am Meer, ruckzuck haben wir die Sitzbänke umgeklappt, eine große Liegefläche gebaut und unser Gepäck im Aufstelldach verstaut. Um den knurrenden Magen zu beruhigen, gehen wir – völlig landesuntypisch – indisch essen. Unsere Premieren-Nacht im Campmobil verläuft prima, wir müssen weder frieren noch ist das Bett unbequem. Super! So wollen wir jetzt häufiger die Nacht verbringen. Dafür ist der nächste Ausflug ein Flop. Der Weg zum Lake-Nelson-Nationalpark ist kurzweilig und bietet tolle Landschaften, auch die Gegend rund um den See ist wunderschön, zu unserem Ärger jedoch übervölkert. Und zwar von Fliegen, Millionen von Fliegen, es ist nicht auszuhalten. Nach kurzer Zeit entscheiden wir uns zur Flucht, allerdings haben sich bereits mehrere hundert Fliegen in unserem Wagen breitgemacht, da wir schlauerweise alle Türen sperrangelweit offen hatten. Während der Fahrt versuchen wir nun mit mäßigem Erfolg, die Viecher durch das geöffnete Fenster zu treiben. An Neuseelands längster Schwingbrücke haben wir einen unplanmäßigen Stopp, da ich unbedingt die 110 Meter lange Wackelbrücke über einem Gebirgsbach bezwingen will. Der Rücktransport erfolgt mit einem Flying Fox. Solche und ähnliche

Outdooraktivitäten bieten die „Kiwis" fast überall an, das Land hat eben viel freies Gelände, wo man sich prima aktiv an der frischen Luft tummeln kann. Weiter geht es an der Küste entlang. Auf halbem Weg zwischen Westport und Greymouth entdecken wir die „Pancake Rocks", Kalksteinfelsen, die durch Erosion die Form von Pfannkuchenstapeln angenommen haben. Wir nutzen diese Laune der Natur zu einer Rast und schauen uns die Gegend näher an. Besonders spektakulär ist der Rundwanderweg bei Flut, denn dann strömt das Meer in die unter den „Pfannkuchen" liegenden Höhlen und schießt mit lautem Knall durch Spritzlöcher in die Höhe. So werden wir ein paar Mal von den gewaltigen Fontänen erschreckt und der allgegenwärtige Wind sorgt dafür, dass wir die salzige Gischt schmecken können. Nach dieser amüsanten Abwechslung versuchen wir, so nah wie möglich an das Örtchen Franz-Josef heranzufahren und die Nacht im Wagen zu verbringen. So wollen wir die gepfefferten Unterkunftspreise umgehen und trotzdem im Morgengrauen am Gletscher sein. Schließlich stoppen wir an einem idyllischen See, machen erst mal den nun obligatorischen Fliegen- und Mückentest und suchen uns dann ein prima Plätzchen am Ufer. Ruckzuck den Wagen zum Nachtlager umgebaut, jetzt bleibt noch Zeit, die letzten Sonnenstrahlen zu genießen.

Um sechs Uhr ist die Nacht bereits vorbei, aufstehen, anziehen, Auto umräumen und los geht's. Es ist ziemlich neblig und wir haben schon Bedenken, dass sich die Gletscher gar nicht zeigen werden. Um halb acht sind wir in Franz-Josef, doch das Örtchen ist noch nicht so recht erwacht. Sehr gut, dann ist der Touristenansturm am Gletscher auch nicht so stark. Die Sonne gewinnt an Kraft und plötzlich tauchen die Gletscher Franz-Josef und Fox eisblau leuchtend aus dem Morgennebel auf. Herrlich!

Die Wanderung durch das steinige Flussbett bis zum Franz-Josef-Gletscher bietet uns viele prächtige Bergimpressionen. Der Eisriese ist außergewöhnlich steil, dies erklärt, warum er sich zehnmal schneller bewegt als die Gletscher in den Schweizer Alpen. Erklimmen können wir den Gletscher über in das Eis gehauene Stufen. Ich klettere ein Stück hinauf und bin begeistert, obwohl man in solchen Momenten immer wieder spürt, wie klein und unbedeutend man im Vergleich zur dieser Naturgewalt ist. Der Fox-Gletscher liegt nur wenige Kilometer entfernt und ist ebenfalls sehenswert. Hier unternehmen wir eine lohnende Wanderung durch den Auenwald, der immer wieder schöne Blicke auf den Fox freigibt. Seit ca. 200 Jahren schrumpfen die Eisriesen, die

Gletschertore haben sich bereits mehrere Kilometer zurückgezogen, dennoch sind es imposante Erscheinungen. Wenige Tage später sehen wir in den neuseeländischen Nachrichten, dass die einzige Zufahrtsstraße zum Fox-Gletscher bei schweren Regenfällen weggeschwemmt wurde, so dass einige Touristen und ihre Fahrzeuge von dem nunmehr abgeschnittenen Parkplatz per Helikopter evakuiert werden mussten. Genau diesen Parkplatz hatten wir auch benutzt, da haben wir also noch mal Glück gehabt.

Auf dem Weg nach Wanaka begleitet uns eine Traumlandschaft: kristallklare Gebirgsbäche, Berge und Seen grüßen bei strahlendem Sonnenschein. Hier gefällt es uns, hier wollen wir bleiben, und tatsächlich finden wir eine zahlbare, etwas luxuriöse Unterkunft am Lake Wanaka mit herrlicher Aussicht auf Täler und Berge wie aus dem Bilderbuch. Nach zwei erholsamen Tagen am See treibt es uns weiter nach Queenstown, der Hauptstadt der Adrenalin-Junkies. Hier wimmelt es nur so vor Anbietern von Nervenkitzel-Touren: Bungee-Jumping, Höhlenwandern, Rafting, Jetboatfahren, Fallschirmspringen und Drachenfliegen stehen auf dem Programm. Queenstown hat nur 8.500 Einwohner, ist aber so quirlig wie eine Metropole und von Touristen völlig überlaufen. Die Hektik gefällt uns nicht so gut, aber wir haben einen Job zu erledigen: In Bowen/Australien hatte uns Laurence die Adresse seiner Schwester in Queenstown gegeben, also wollen wir auch die Grüße ausrichten. Die Adresse existiert wirklich, allerdings kennt hier niemand eine Annie. Wir können einfach nicht glauben, dass Laurence uns veräppeln wollte und bei der anschließenden Fahrt durch die Stadt sieht Susanne plötzlich eine Telefonzelle. Im Telefonbuch finden wir tatsächlich eine A. Jefferson in der richtigen Straße mit einer völlig anderen Hausnummer. Also fahren wir noch einmal hin. An dem entsprechenden Haus gibt es weder Namensschild noch Klingel, also klopfe ich mal kräftig am Hauseingang. Verdutzt öffnet eine nette ältere Dame, die sich mit Annie vorstellt, die Tür. Als sie erfährt, dass wir ihren ausgewanderten Bruder getroffen haben, zieht sie uns ins Haus, und wir müssen ausführlich berichten. Es stellt sich heraus, dass Annie Laurence seit Jahren nicht mehr gesehen hat und auch nicht wusste, wo er sich aufhält. Sofort wird die restliche Familie informiert und Annie löchert uns mit Fragen und erzählt ausgiebig von ihren eigenen Reisen. Schnell haben wir gemeinsame Interessen entdeckt und nachdem wir bis in die Dämmerung hinein gequatscht haben, bietet sie uns an, bei ihr zu übernachten. Spontan und flexibel muss man auf solchen Reisen sein, also sagen wir kurz entschlossen zu. Am nächsten Tag schauen wir uns Queenstown etwas genauer an und bedanken uns mit leckeren Lammsteaks für Annies Gastfreundschaft bevor wir uns am nächsten Morgen wieder aufmachen. Dem Abschied folgt die Weiterreise nach Te Anau, Ausgangspunkt für Touren in das spektakuläre Fjordland. Die Idee, einen Abstecher zum hoch gepriesenen Milford-Sound zu machen, verwerfen wir ganz schnell wieder: zu teuer und vor allem viel zu überlaufen. Unsere Wunsch-Alternative ist eine kombinierte Schiffs- und Kanutour zum abgeschiedenen Doubtful-Sound, doch dieser Ausflug ist bereits ausgebucht. Jetzt muss eine clevere Lösung her: Den nächsten Tour-Termin abwarten oder weiterreisen. Diesmal überwiegen die Argumente für den flotten Abschied: Das regnerische Wetter und der heftige Wind sind zum Kanu fahren kaum geeignet, zudem steht uns in ein paar Monaten ja noch ein Besuch in Patagoniens Fjordland bevor. Mit ein paar letzten Blicken aus der Ferne verabschieden wir uns von den Fjorden und setzen die Fahrt Richtung Südzipfel fort. Invercargill hat uns nicht viel mehr als eine Unterkunft zu bieten, also setzen wir unsere Reise fort. Jetzt fahren wir durch die Catlins, Menschen sind kaum noch zu sehen, dafür eine tolle Landschaft, abgelegene Wälder, herrliche Küstenstreifen und Fauna reiche Buchten. Am Slope Point haben wir den südlichsten Punkt der Südinsel erreicht, von hier aus führt ein Wanderweg zu einem spektakulären Felsvorsprung mit kleinem Leuchtturm.

Sehr idyllisch, ideal zum picknicken. Die Gegend gefällt uns, hier wollen wir übernachten. In Kaka Point finden wir auch ein nettes kleines Cottage mit Blick aufs Meer, der Schlüssel steckt von außen im Schloss. Es ist allerdings niemand da, bei dem wir uns anmelden können. Heile Welt, von Kriminalität haben sie in Kaka Point vermutlich noch nichts gehört. Doch irgendwann taucht Mütterchen Jean auf, und wir können ganz offiziell einziehen.

Am nächsten Morgen wollen wir uns auf die Suche nach den seltenen Gelbaugenpinguinen machen, die man vom Aussichtspunkt am Nugget Point aus beobachten kann. Auf dem Weg dort hoch entdeckt Susanne bereits durchs Autofenster ein paar Exemplare. Also parken wir den Wagen und laufen umher, um die Pinguine, die etwa 200 Meter entfernt unten am Strand stehen, besser beobachten zu können. Dabei stolpern wir beinahe über einen nistenden Pinguin, der sein Nest direkt am Straßenrand gebaut hat. Wir stören den scheuen Burschen nicht länger bei seiner anstrengenden Brutarbeit und fahren weiter zum Nugget Point. Nach einem kurzen Fußmarsch hinauf zum Leuchtturm gekrönten Kap haben wir einen tollen Blick auf die schroffen Felsvorsprünge, wo sich Pelzrobben und Seelöwen aalen. Die ebenfalls anwesenden Tölpel beobachten wir besonders gerne, denn ihre nur selten gelungenen Start- und Landeversuche sorgen für echte Heiterkeit.

Der nächste Tag besteht fast ausschließlich aus vergeblicher Bettensuche. Das kann schon mal passieren, wenn man die Rundreise nicht komplett durchplant und die Unterkünfte nicht im Voraus bucht. Aber wir wollen uns ja die Freiheit erhalten, an schönen Orten länger zu bleiben, wenn uns danach ist. So kurven wir stundenlang durch Dunedin, durch die hügeligen Vororte mit ihren Holzvillen (hier finden wir die steilste bewohnte Straße der Welt), dann wieder durch die Innenstadt mit ihren eleganten viktorianischen Steinhäusern. Unterkünfte gibt es in der Studentenstadt zuhauf, aber entweder sind sie bereits vermietet oder zu teuer für uns, selbst die Campingplätze sind voll. Die Konsequenz heißt Weiterfahren. „Was soll's, woanders ist es auch schön" denken wir uns und zockeln weiter bis nach Oamaru. Tatsächlich hat das beschauliche Städtchen einiges zu bieten, zwischen farbenfrohen öffentlichen Gärten, historischen Geschäftsgebäuden und Pinguin-Beobachtungsposten suchen wir eine Übernachtungsmöglichkeit. Doch heute ist unser Seuchentag, egal wo wir anfragen, die Betten sind bereits alle belegt. Ein wenig übellaunig quartieren wir uns schließlich in einem Motel kilometerweit stadtauswärts ein.

Umso erfreulicher verläuft der nächste Tag, ruckzuck haben wir eine Unterkunft mit herrlichem Blick aufs Meer gefunden. Vermieter Pete, mit dem wir uns prächtig verstehen, stellt uns erst mal sein eigenes Barbecue auf die Terrasse, dann schleppt er zwei eiskalte Flaschen Bier herbei und schließlich gibt er uns die Bleibe auch noch zehn NZ-Dollar billiger. Das nennt man wahre Gastfreundschaft! Wir schlendern durch das Hafenviertel von Oamaru mit seinen Buchläden, Antiquitätengeschäften, Galerien und Cafés, später besuchen wir eine Steilküsten-Plattform, wo wir Seelöwen und weitere Gelbaugenpinguine beobachten können. Nach diesem Erlebnis wollen wir auch die noch selteneren kleinen Blau-Pinguine aufspüren.

Die sind sehr scheu, verbringen den Tag mit Futtersuche im Meer und kommen erst nach Einbruch der Dunkelheit an Land. Ein Ticket für die „Touristen-Tribüne" kostet 20 NZ-Dollar, doch die können wir uns sparen. Pete verrät uns, wo die Mini-Pinguine normalerweise an Land gehen. So lauern wir eine gute Stunde im Gebüsch, als plötzlich drei dieser nur 40 cm kleinen Burschen lautstark debattierend die Böschung herauf gekraxelt kommen. Es ist ein herrlicher Anblick. Oben angekommen bleiben sie stehen und beratschlagen nun, wie sie den vor ihnen liegenden Weg gefahrlos überqueren können. Sie sind nicht sehr entschlussfreudig. Es dauert eine ganze Weile, bis sie endlich all ihren Mut zusammennehmen und mit geducktem Haupt über den Weg flitzen, um dann im gegenüberliegenden Busch zu verschwinden. Fotos von den drolligen Pinguinen schießen wir nicht, denn wir wollen sie nicht mit dem Blitzlicht erschrecken. Aber in unseren Erinnerungen haben sie einen Ehrenplatz eingenommen.

Von Oamaru aus fahren wir auf der Inland Scenic Route gemütlich weiter Richtung Norden. Zunächst geht es in einem Tal am Fluss entlang, dann vorbei an diversen Stauseen, wo sich Angler und Kajakfahrer amüsieren. Der Campingplatz am Ufer des Lake Tekapo mit schönem Blick auf schneebedeckte Berge sollte unser Etappenziel sein, doch als wir dort ankommen, ziehen schwarze Wolken auf. Wir machen erst mal ein Picknick und beobachten die Wetterlage. Der einsetzende Regen nimmt uns die Entscheidung ab: Weiterfahren! In Geraldine ist das Wetter besser, hier haben wir einen prima Campingplatz fast für uns allein. Der Grund für die dürftige Auslastung könnte Inhaber Grumpy sein, der nicht gerade durch übertriebene Freundlichkeit auffällt. Uns ist's recht, schließlich wollen wir uns ein authentisches Bild von den „Kiwis" machen, dazu gehören dann auch schon mal schrullige Typen wie Grumpy.

Die nächste Nacht verbringen wir wieder in Christchurch. Den Innenausstatter der von uns angemieteten Unterkunft würden wir gerne mal kennen lernen. Wir diskutieren angeregt, ob der mit Spiegeln verzierte Kamin vom Stil her eher zu den kitschigen Landschaftsgemälden Marke „Röhrender Hirsch" oder zu dem monströsen und selbst geschweißten Modern Art-Kronleuchter passt. Jedenfalls sind die fetten Ledersofas schön bequem.

Nachdem wir unsere Vorräte aufgefüllt haben, machen wir uns auf den Weg nach Hanmer Springs. Der Thermalkurort liegt in einem Skigebiet und der Weg dorthin führt über kurvige Passstraßen. Der plötzlich auftretende böige Wind schaukelt unseren Wagen hin und her, wir haben Mühe, die Spur zu halten. In Hanmer Springs sieht es dann ziemlich wüst aus: Umgestürzte Bäume, vom Wind verwehte Mülltonnen und von heruntergefallenen Ästen verbeulte Autos prägen das Bild der Stadt. Der Sturm muss gerade erst durch den Ort gerast sein. Als wir vor dem Appartement stehen, welches wir anmieten wollen, diskutiert die Vermieterin gerade mit ihrem Versicherungsvertreter. Das Unwetter hat das Dach ihres Wohnhauses abgedeckt und im Garten verteilt. Diese unerfreuliche Situation hält die nette Jodie aber nicht davon ab, uns das Appartement zu zeigen und zu vermieten. Am nächsten Morgen wollen wir die Thermalpools testen. Trotz kühler Außentemperatur machen wir uns in leichter Badebekleidung auf den kurzen Weg durchs Dorf. Die Pools sind unterschiedlich temperiert, von entspannenden 36° bis zu anstrengenden 41°. Die einzelnen Kurgänge werden von Ruhepausen auf einer Liege unterbrochen, das ist schon recht erholsam. Gegen Mittag verlassen wir den Gesundbrunnen und schlendern runderneuert nach Hause. Nachmittags checken wir in der Bücherei unsere E-Mails. Nachricht 1: Der Wechselkurs Euro zu NZ-Dollar hat sich zu unseren Gunsten entwickelt. Super, das senkt die Reisekosten! Nachricht 2: Meine Nichte Simone hat ihren Uwe geheiratet. Glückwunsch! Wenn man sich für ein Jahr von zu Hause verabschiedet, muss man damit rechnen, dass man elementare Dinge verpasst, für Familie und Freunde geht der Alltag schließlich weiter.

Unser Alltag heißt Reisen, also fahren wir weiter, noch einmal nach Kaikoura an der Ostküste. Schon auf dem Weg dorthin können wir riesige Delfinschulen beobachten und die Seelöwen-Kolonie ist auch noch da. Wir kommen wieder beim Ex-Bürgermeister unter, der mit seiner Frau übers Wochenende verreisen muss und uns sogleich zum Housesitter befördert.

Langsam wird es Zeit, dass wir uns auf die Nordinsel aufmachen, die Zeit vergeht wie im Flug. Da wir in der Hochsaison unterwegs sind, es ist bereits Dezember, haben wir die Fährtickets vorsichtshalber im Internet gebucht. In Picton fahren wir dann auf das tatsächlich voll besetzte Schiff, mit dem wir die Meerenge zwischen Nord- und Südinsel, der Cook-Straße, überqueren wollen. Gemächlich steuern wir durch den Queen Charlotte Sound, vorbei an schönen Buchten und hunderten von grün bewaldeten Inseln. Diese Fjord-Landschaft kann zwar nicht mit den schneebedeckten Bergen der Milford- und Doubtful Sounds aufwarten, hat aber durchaus seine Reize. Je näher wir der Nordinsel kommen, desto windiger wird es. Auf der Cook-Straße – benannt nach dem Entdecker James Cook – schubst uns der böige Wind hin und her. Wir krallen uns vorsichtshalber an der Reling fest, um nicht von Deck geweht zu werden. Schließlich wollen wir noch eine Menge erleben.

10. Neuseeland/Nordinsel – Ralf:

In Wellington auf der Nordinsel angekommen, bläst uns der Wind fast aus den Schuhen. Es ist Berufsverkehr und wir erleben unseren ersten Stau in Neuseeland. Doch kaum haben wir die Hauptstadt hinter uns gelassen, geht es zügig voran Richtung Martinborough, unserem Tagesziel. Wir finden einen schön gelegenen Campingplatz mit bereits geschlossenem Office. In Neuseeland kein Problem: Wir füllen eine der herumliegenden Registrierkarten aus und suchen uns ein nettes Plätzchen. Die wenigen anderen Gäste sind freundliche „Kiwis", die für ein bevorstehendes Kelly Clarkson Konzert die Bühne aufbauen wollen. Einem netten Abend folgt eine gute Nacht.

Am nächsten Morgen lassen wir es ruhig angehen, gemütlich frühstücken, durchs Örtchen spazieren, den kostenlosen E-Mail-Service der Bücherei nutzen und bei einer lehrreichen Weinprobe entscheiden, ob wir bleiben oder nicht. Das unfreundliche Wetter lässt nicht viele Aktivitäten zu, also fahren wir weiter, Zielort unbekannt. In Masterton decken wir uns mit Lebensmitteln ein, da wir in abgeschiedene Gegenden fahren, wo die Einkaufsmöglichkeiten vermutlich stark eingeschränkt sind. Wir durchqueren ländliche Gebiete und landen auf einer kilometerlangen Stichstraße, die nach Castlepoint führt. Ein echter Glückstreffer. Castlepoint liegt direkt am Meer, hat einen Campingplatz, ein paar unbewohnte Ferienhäuschen und einige wenige Farmen. Hier gibt es kein einziges Geschäft, kein Restaurant und keinen Pub, doch dank unseres Vorratseinkaufs ist dies nun kein Hindernis, um zu bleiben. Wir ergattern ein idyllisches Plätzchen auf dem Campground hoch über der Bucht. Von hier aus haben wir einen herrlichen Blick auf das Riff mit seinem Leuchtturm und den schroffen Castle Rock. Nach einer Strandwanderung und der Kletterei auf dem Riff sind wir hungrig. Wir nutzen die Camp-Küche zur Zubereitung unseres Dinners und genießen den Panoramablick. Der folgende glutrote Sonnenuntergang taucht den Himmel in wunderschöne Farben, ein sich in jedem Augenblick änderndes, grandioses Naturschauspiel. Später wacht ein tausendfacher Sternenhimmel über uns. Herrlich. Der morgendliche Lauf führt mich zum 162 Meter hohen Castle Rock, den ich über einen ungesicherten Trampelpfad erklimme. Bloß keinen Fehltritt, es geht steil bergab. Der Blick vom windigen Gipfel über die Steilküste krönt diesen kleinen Ausflug. Nach einem stärkenden Frühstück fahren wir weiter durch die Wairarapa-Region, hier begegnen uns kaum noch Menschen, dafür Schafe ohne Zahl.

Ein entlegenes Dorf kann jedoch mit einem skurrilen Rekord aufwarten: Der längste Ortsname der Welt. Wir hatten bereits darüber gelesen, doch als wir das Ortseingangsschild sehen, müssen wir trotzdem lachen: Taumatawhakatangihangakoauauotamateaturipukakapikimaungahoronukukupokaiwhenuakitnatahu. Die deutsche Übersetzung in der *Kurzfassung* lautet: „Die Kuppe des Hügels, wo der große Krieger Tamatea, der Mann mit den großen Knien, der Berge schob, erklomm und verschluckte, bekannt auch als Landesser, für seinen im Kampf gefallenen Bruder Flöte spielte". Wir sind sehr beeindruckt, auch von der Tatsache, dass das Ortsschild kaum auf ein Foto zu bannen ist, es ist einfach zu breit! Doch dann verlassen wir den geschichtsträchtigen Ort Richtung Napier. Wir schlendern durch die lebhafte Hafengegend und erfreuen uns an der farbenfrohen Art Déco-Architektur vieler Gebäude. Einem schönen Ausflug zum Cape Kidnapper sollte sich eine Wanderung zur Tölpel-Kolonie anschließen, doch die Flut versperrt uns den Strandweg.

Die Stadt Napier, die mit einem Hauch von britischem Seebad umgeben ist, versteht es glänzend, die Vorweihnachtszeit zu zelebrieren. Allerdings fällt die uns bekannte winterliche Weihnachtsmarktatmosphäre mit dem gemütlichen Plausch bei einem Becher Glühwein dem Sommerwetter in Neuseeland zum Opfer. Wir sind nun mal auf der Südhalbkugel der Erde. Da laufen schon mal Weihnachtsmänner mit Surfbrett und Flipflops durch die Stadt, um ein neues

Produkt zu bewerben. Jedenfalls haben die Stadtväter in einem schönen Park direkt an der Strandpromenade ein Weihnachtskonzert auf die Beine gestellt.

Das Publikum ist bunt gemischt, weiße „Kiwis" und Maoris wollen unterhalten werden: Familien haben es sich auf Decken gemütlich gemacht, Oma und Opa sitzen auf mitgebrachten Klappstühlen, Kinder spielen mit den allgegenwärtigen Rugby-Bällen. Wir suchen uns ein Plätzchen auf der Wiese, genießen die Sonne und harren der Dinge, die da kommen. Das Bühnenprogramm ist vielseitig, erst werden zusammen mit den Kindern Weihnachtslieder gesungen, dann klettert Santa Claus auf die Bühne und gibt mit rauchiger Stimme Joe Cocker-Hits zum Besten. Anschließend bricht sich der britische Einfluss der frühen Einwanderer Bahn: Eine stolz durch den Park marschierende Dudelsack-Kapelle spielt Liedgut aus den schottischen Highlands. Doch dann folgt ein akustisches Debakel: Sie intonieren mit ihren Dudelsäcken Jingle-Bells. Wir lachen uns kaputt und werten den musikalischen Fehlschlag als Aufruf, nach Hause zu gehen. Trotzdem war es eine nette Veranstaltung, eben ganz anders als unsere üblichen Adventsfeierlichkeiten.

Am nächsten Morgen verlassen wir die Küste und fahren in die zentrale Hochebene. Unser Ziel heißt Ohakune, im Winter der Top-Skiort Neuseelands, doch jetzt im Sommer Ausgangspunkt für Wanderungen im Tongariro-Nationalpark. Auf dem Weg dorthin entdecken wir ein kurioses Tier-Warnschild: Ein Kiwi mit Skiern! Wir halten an, um ein Foto von dem sportlichen Federvieh zu schießen und bemerken dabei, dass ein Witzbold die

Skier aufgemalt hat. Na, der Gag ist gelungen. Wir mieten uns ein Chalet, das auch in den Schweizer Bergen stehen könnte, und machen es uns gemütlich. Die Nacht ist früh zu Ende, bereits um 7.15 Uhr werden wir von einem Minibus abgeholt, der uns mit ein paar anderen Wanderern zum Startpunkt des Tongariro-Crossing bringt. Die angeblich beste Tageswanderung Neuseelands liegt vor uns. Berühmt wurde die Landschaft durch die „Herr der Ringe-Filme", wir sind sehr gespannt. Die erste Stunde verläuft der Weg relativ eben durch eine Lavawüste, dann geht es bergauf. Noch sind die äußeren Bedingungen prima, wir genießen den Ausblick auf die drei hoch aufragenden aktiven Vulkane – der letzte Ausbruch des Mount Ruapehu ereignete sich 1995. Wir erreichen eine Hochebene und es wird ungemütlich. Die wärmende Sonne weicht urplötzlich dichtem Nebel und eisigem Wind. Schnell ziehen wir unsere Fleecepullis und Windstopperjacken an, trotzdem wird uns nicht mehr warm. Es geht weiter durch erloschene Vulkankrater und an Erdlöchern vorbei, aus denen heißer Dampf austritt. Immer mal wieder lichtet sich der Nebel kurz und gibt spektakuläre Aussichten auf die benachbarten Vulkane frei. Inzwischen haben wir die Schneegrenze erreicht. Drei asiatische Mädels schlottern vor Kälte in ihrem Disco-Outfit und treten den Rückzug an. Unsere mehrlagigen Textilien in Kombination mit den Goretex-Schuhen machen sich hingegen bezahlt. Um den Gipfel des Tongariro Crossing zu erklimmen, müssen wir noch einen rutschigen Geröllhang hoch kraxeln, nach dem anstrengenden Motto „zwei Schritte vor, einen zurück". Endlich oben angekommen, lädt die Bergkuppe jedoch nicht zum Verweilen ein, der dichte Nebel lässt keinen Panoramablick zu und der heftige Wind will uns anscheinend vom Gipfel wehen. Hinter dem Berg sorgt der Geröllhang für zügiges Vorwärtskommen, denn mit jedem Schritt rutschen wir zwei bis drei Meter bergab. Es ist nicht ganz einfach, sich auf den Beinen zu halten, macht aber mit jedem Schritt mehr Spaß. Urplötzlich tauchen hinter dem sich lichtenden Nebel nur wenige Meter von uns entfernt drei Seen auf, die wir hier, in der Stein- und Geröllwüste nicht erwartet haben. Jeder See erstaunt uns durch seine unwirkliche, intensive Farbe, der eine smaragdgrün, der nächste tiefblau, der dritte champagnerfarben. Doch so plötzlich wie sie aufgetaucht waren, so schnell sind sie auch schon wieder in dichten Nebel verschwunden. Ist uns eine Fata Morgana erschienen oder gibt es die Seen wirklich? Keine Zeit für eine Expedition, wir haben noch neun Kilometer vor uns und sollten den

Shuttlebus nicht verpassen. Der Weg bergab führt an heißen Quellen vorbei, das erste alpine Gestrüpp taucht wieder auf und schon bald marschieren wir durch üppige Steineiben-Wälder. Am Endpunkt der 18 Kilometer-Wanderung sind wir ziemlich platt, und während wir auf den Bus warten, ziehen noch einmal der Schicksalsberg von Mordor, die schwierigen Geröllpassagen und die ominösen Seen vor unserem geistigen Auge vorbei.

Der nächste Abstecher führt uns nach Taupo, an Wochenenden ein gut besuchter Urlaubsort. Wir finden ein prima Motel am Lake Taupo, Neuseelands größtem Binnengewässer, mit einer grandiosen Bergkulisse am Horizont. Wir schlendern durch die Stadt und lassen uns an der Uferpromenade blicken, wo die „Kiwis" ihren liebsten Hobbys nachgehen: Jugendliche feiern ausgelassene Partys mit Rockmusik und Dosenbier während Sportler sich auf den bevorstehenden Taupo-Triathlon vorbereiten.

Heute stehen spektakuläre Wasserspiele auf dem Programm. Ein Besuch der nahe gelegenen Huka-Falls ist Pflicht für jeden Traveller. Der Waikato River wird in eine enge Schlucht gedrängt, wo er dann mit unglaublicher Wucht zehn Meter tief in ein schäumendes Becken stürzt. Von der Fußgängerbrücke aus können wir Hukanui (Die große Gischt) prima beobachten und sind fasziniert von der rasanten Fließgeschwindigkeit des kristallklaren Wassers, das sich wild brodelnd seinen Weg sucht und sich erst beruhigt, als das Flussbett breiter wird. Nur wenige Kilometer entfernt liegen die Aratiatia Rapids. Wir stellen uns auf eine Brücke nur wenige Meter von der Staumauer entfernt und warten auf die Öffnung des Fluttores. Punkt 14.00 Uhr bewegt sich das Tor langsam nach oben und ein erstes Bächlein presst sich durch die immer größer werdende Öffnung. Sekunden später rasen enorme Wassermassen unter uns durch, die Brücke vibriert gewaltig, das Wasser drängt sich mit ohrenbetäubendem Lärm durch die verwinkelte Schlucht – ein echtes Spektakel. Wir wandern noch am Rande der Stromschnellen entlang zu zwei Aussichtspunkten, um den reißenden Waikato aus anderen Perspektiven zu sehen. Was für eine Naturgewalt.

Immer weiter geht die Rundreise, Rotorua ist unser nächstes Ziel. Rotorua muss man einfach gesehen haben – oder besser noch – gerochen haben. Zischende Geysire, dampfende heiße Quellen und brodelnde Schlammlöcher charakterisieren diese aktivste Thermalgegend Neuseelands. Trotz ihres allgegenwärtigen Gestanks nach faulen Eiern ist die Schwefelstadt äußerst beliebt. Praktisch jedes Motel verfügt über große private Whirlpools, bei denen das Thermalwasser direkt aus der Leitung kommt. So kommen auch wir erstaunlich preiswert in den Genuss eines echten Kuraufenthalts. Bei der abwechslungsreichen Wanderung durch ein Geothermalgebiet sehen wir aus nächster Nähe, wie die Erde rotzt, spuckt, brodelt und vor allem stinkt. Einige der verschiedenfarbigen Schlammlöcher sind gefährlich, der „Auswurf" kann kochend heiß sein, also halten wir gebührenden Abstand. Doch nicht nur die Schlammlöcher sind gefährlich, wir werden mal wieder von Vögeln attackiert – diesmal sind es Hunderte von Möwen, die ihren Nachwuchs schützen wollen. Nach diesen Ereignissen gönnen wir uns erst mal ein Entspannungsbad im privaten Thermal-Spa. Der nächste Ausflug führt uns zu einigen der 16 Seen im Distrikt Rotorua, wo wir ein paar kurze Wanderungen einstreuen. Am Nachmittag geraten wir in eine Triathlon-Veranstaltung und feuern die Läufer/Innen auf ihren letzten Kilometern an. Im Zielbereich herrscht ausgelassene Stimmung, und wir bleiben noch ein Stündchen. Abends, im Whirlpool, erinnern wir uns an unseren Rotorua-Aufenthalt 1993. Damals waren viele der Geysire noch frei zugänglich, heute muss man hingegen vielerorts beachtliche Eintrittsgelder zahlen. Die bekanntesten Thermalgebiete kombinieren das Naturschauspiel direkt mit Konzerten und einem hangi (Essen nach traditioneller Maori-Art). Die Invasion von Reisebussen belegt eindrucksvoll, dass die Kommerzialisierung der Maori-Kultur ein ertragreiches Geschäft geworden ist. Am nächsten Morgen wandern wir noch einmal durch die Stadt und entdecken im Postgebäude einen weihnachtlich dekorierten Briefkasten, in den man seine Wunschzettel stecken kann. Im Gegensatz zu deutschen Kindern, die ihre Weihnachtswünsche an das Christkind in Engelskirchen schicken, erhoffen sich die Neuseeländer Gaben von Santa Claus, der laut ausgehängter Adresse am Nordpol wohnt. Da haben wir mal wieder etwas dazu gelernt.

Wir verabschieden uns von Rotorua und steuern aufs Meer zu: Whakatane in der Bay of Plenty wollen wir uns mal anschauen. Doch heute haben wir Pech bei der Bettensuche. Wir verschaffen uns in der Touristen-Info einen Überblick, aber unsere 1. Wahl ist ausgebucht. Die Alternative stellt sich als Bruchbude heraus – abgelehnt! Unschlüssig fahren wir weiter durch den Ort, bis wir ein Schild finden: „Room to rent". Wir klingeln an der Haustür und warten. Niemand regt sich, so fahren wir weiter und entdecken ein weiteres

Schild: „Room to let". Wir klingeln an der Haustür und warten und hoffen. Es öffnet uns ein Jugendlicher, der allerdings „nur zu Besuch" ist und uns nicht weiterhelfen kann. Heute läuft es nicht rund für uns, doch wir geben nicht auf. Ein schickes Appartement ist zu vermieten, doch wieder ist das Haus verlassen. Susanne wandert umher und versucht, einen der Nachbarn zu erwischen. Die erste Frau, die auftaucht, ist dann zufällig eine Maklerin, die auch „unser" Haus vermietet. Nach einer kurzen Besichtigung sind wir uns einig. Das Appartement liegt, nur durch einen Garten getrennt, direkt am Strand, hat eine riesige Terrasse und eine sehr gemütliche Einrichtung. Der Urlaub beginnt. Wir bummeln durch Whakatane, ich tobe mich im Meer aus. Wir machen es uns auf der Terrasse bequem und abends schlafen wir mit Meeresrauschen ein. Der Tag beginnt ebenfalls mit Meeresrauschen. Wir frühstücken natürlich auf der Terrasse. Den netten Nachbarn von links hatten wir bereits gestern kennen gelernt. Heute bietet die ebenso nette Nachbarin von rechts an, uns zum Startpunkt eines landschaftlich reizvollen Walking Tracks zu fahren.

Wir nehmen dankend an und wandern mal oberhalb der Steilküste, mal auf Strandniveau durch den Wald. Wir genießen die beste Sicht auf Neuseelands aktivsten Vulkan, den rauchenden Whakaari direkt vor der Küste. Es geht hoch und dann wieder runter, so sammeln wir fleißig Höhenmeter. Nach zwei Stunden durchqueren wir eine Bucht, was nur bei Ebbe möglich ist. Die nette Nachbarin von rechts hatte dies natürlich bedacht, und uns zur richtigen Zeit losgeschickt. Noch eine letzte Bergwertung und wir erreichen den Strand, an dem wir barfuß bis nach Hause wandern können. Das ist mal wieder eine gelungene Tour.

Schweren Herzens beenden wir den Kurzurlaub in unserer Traumvilla und fahren weiter nach Whitianga, wo wir diesmal mit mehr Glück schnell eine Unterkunft finden. Wir schauen uns ein wenig in dem Örtchen um und machen dann einen Abstecher zum Hot Water Beach. Hier brodeln Thermalquellen direkt unter dem Sand am Meeresufer. Vorsichtig wandern wir durchs kalte Wasser, bis wir eine heiße Stelle gefunden haben. Wir buddeln uns einen eigenen Warmwasserpool und machen es uns bequem, liegen also mit unseren Hintern im warmen Wasser und beobachten die Brandung. Wirklich entspannen können wir allerdings nicht, denn ab und zu erhitzt ein unangenehm heißer Schwall unseren Pool oder eine größere Welle eiskalten Wassers sorgt kurzzeitig für eine Gänsehaut. Hier hat die Natur ein perfektes Wechselbad geschaffen. Echt lustig und in jedem Fall einen Besuch wert.

Apropos Besuch: Norma und Paul aus Leverkusen, die jedes Jahr sechs Monate in Grahams Beach/Auckland verbringen, haben uns zu sich nach Hause eingeladen. Wir umrunden die Coromandel-Halbinsel im strömenden Regen und folgen dann der kuriosen Wegbeschreibung: „In Waiuku hinter dem Pub links ab, und dann 40 Kilometer der Straße bis zum Ende folgen." Die Straße windet sich kurvenreich durchs Land und führt tatsächlich nach Grahams Beach. Das Haus ist schnell gefunden, es gibt ein großes Hallo bei der Begrüßung und schon entwickelt sich eine intensive Unterhaltung. Die Beiden sind auch viel durch die Welt gereist und so haben wir alle viel zu erzählen. Wir dürfen uns im Gästezimmer breitmachen und schon mal geistig auf die morgige Herausforderung vorbereiten. Auf Vermittlung von Norma und Paul sollen wir am Weihnachtsturnier des örtlichen Bowlingclubs teilnehmen. Wir reden hier von Rasenbowling, einem britisch geprägten Breitensport, der normalerweise in komplett weißer Kleidung und mit entsprechender Ernsthaftigkeit auf dem heiligen Rasen zelebriert wird. Bei diesem Weihnachtsturnier steht jedoch der Spaß im Vordergrund. Die Regeln sind schnell erklärt: Zwei Mannschaften versuchen, die Spielkugeln so nah wie möglich an der kleinen Zielkugel zu platzieren, also ähnlich wie beim Boccia oder Boule. Allerdings sind die Spielkugeln völlig ungewohnt für uns, denn wegen ihres Ungleichgewichts drehen sie sich am Ende nach rechts oder links weg. Norma und Paul erklären uns kurz die Basistechnik, wir machen ein paar Testwürfe und schon gehen wir Vier als Team Germany in den Wettbewerb. Nach dem Motto „frisch gewagt ist halb gewonnen" spielen wir offensiv drauflos und nach sechs Durchgängen (die Briten sagen Innings) haben wir, die Anfänger vom Team Germany den „Klubprofis" eine 13:1-Lektion erteilt. Das bringt uns natürlich eine Menge Anerkennung. Eric, der Team-Captain der gegnerischen Mannschaft muss an diesem sporthistorischen Tag allerdings eine Menge Hohn und Spott über sich ergehen lassen und die Party auf dem Clubgelände nimmt rasant an Fahrt auf. Grundschuldirektor Eric will diese Schmach allerdings nicht auf sich sitzen lassen und fordert uns Tage später zur Revanche auf. Diesmal hat er sein Team verstärkt und wir liegen nach dem ersten Durchgang bereits 0:5 zurück. Die nächsten vier Innings können wir jeweils knapp gewinnen, vor dem letzten Durchgang steht es also 4:5 gegen uns. Ein echtes Finale. Dieses entscheidende Inning wird zumindest Eric nicht so leicht vergessen, denn wir können nervenstark alle acht Kugeln (!) direkt an der Zielkugel platzieren, was uns einen 12:5-Triumph einbringt. Es ist unglaublich. Wir haben uns den Respekt und unser Gegner die Schadenfreude der Zuschauer redlich verdient. Eric ist fassungslos. Er verlässt, ohne sich zu verabschieden und ohne seinen Deckel zu bezahlen, den Bowlingclub. Wir hingegen genießen die ausgelassene Stimmung und amüsieren uns mit den restlichen „Kiwis".

In Neuseeland ist der 25. Dezember (Christmasday) der bedeutsamste Tag zu Weihnachten, so dass Heiligabend (Christmaseve) noch ein normaler Werktag ist. Dennoch bekommen wir von Norma und Paul zur Feier des Tages einen guten Rheinischen Sauerbraten aufgetischt und verbringen so am anderen Ende der Welt einen gemütlichen Heiligabend mit herrlichem Blick auf die Bucht von Auckland.

Neuseeländer sind sehr gastfreundlich, und so werden wir in Norma und Pauls Bekanntenkreis munter herumgereicht. Die „bring-your-own-Mentalität" ist zwar etwas gewöhnungsbedürftig, aber wir sind ja flexibel. Wenn man also eingeladen wird, bringt man einfach seinen mit Getränken gefüllten Eski (Kühlbox) mit, dazu noch etwas Essbares und schon geht die Party los. So lernen wir auch Leuchtturm-Paul kennen, der uns eine Privatführung durch das Seefahrtdenkmal gibt und uns spontan zur Familien-Weihnachtsfeier (!) einlädt. Natürlich bringen wir wieder einen gut gefüllten Eski mit, den mehrgängigen Weihnachtsschmaus haben Su und Leuchtturm-Paul aber ausnahmsweise ganz alleine zubereitet. Beim notwendigen Verdauungsspaziergang über das Anwesen entdecken wir plötzlich zwei Kanus. Wir vereinbaren, uns die Boote morgen auszuleihen.

Die Kanutour durch die Bucht von Auckland macht dann auch richtig Spaß, wir paddeln einige Kilometer an einsamen Stränden und schroffen Steilhängen vorbei. Irgendwann entscheiden wir uns umzukehren, doch wir kommen nicht voran. Was ist los? Es ist doch fast windstill. Die Strömung der einsetzenden Ebbe will uns aufs offene Meer hinausziehen. Wir paddeln mit großem Kraftaufwand erst mal bis zur nächsten kleinen Bucht, wo wir uns ein wenig ausruhen können. Jetzt müssen wir ein Felsmassiv umrunden. Entschlossen paddeln wir mit kräftigen Schlägen drauflos. Langsam, ganz langsam kommen wir voran. Mit einem echten Kraftakt umkurven wir den Fels, hier lässt die Strömung endlich etwas nach. Es kostet allerdings noch einige Schweißtropfen, bis wir den Ausgangspunkt erreicht haben. Leuchtturm-Paul kann dann mit typisch neuseeländischen Humor auftrumpfen: „Bei Ebbe solltet ihr besser nicht raus fahren, ist viel zu gefährlich. Hatte ich vergessen, euch zu sagen."

Den nächsten Trip in die Bucht von Auckland unternehmen wir vorsichtshalber mit Pauls Motorboot. Es ist unser erster Angelausflug. Während Susanne gleich vier Prachtexemplare an Bord holt, bekomme ich nicht einen einzigen Fisch an den Haken. Paul und Eric, mit dem wir uns inzwischen prima verstehen, haben auch Anglerglück, das abendliche Grillfest kann also stattfinden.

Es ist Silvester. Norma und Paul sind zu einer Party eingeladen worden. Wir natürlich auch. Wie immer im Vorfeld von Partys, müssen Vorbereitungen getroffen werden, also: Snacks zubereiten und Eski füllen. Heute ist Silvester, das bedeutet: Zwei Eskis füllen. Um 18.30 Uhr tauchen wir auf der Party auf und sind längst nicht die ersten Gäste. Wir finden eine ziemlich bunt gemischte Gesellschaft vor, die meisten Leute sind uns (noch) unbekannt. Da jeder seine Getränke selbst mitbringt, fragt die Gastgeberin nur, ob sie uns Gläser bringen kann. Das Haus füllt sich und es wird viel getrunken. Neuseeländer trinken generell nicht wenig, aber zu Silvester kann es auch schon mal besonders viel sein. Die Stimmung steigt, die Gespräche werden lauter, es wird gegessen und viel getrunken. Nachdem sich alle an den Snacks satt gegessen haben, wird noch gegrillt. Schade um das viele Fleisch, denn gegen 22.30 Uhr verlässt mindestens die Hälfte der Gäste mit ihren Eskis die Party. Wir auch. Wir wundern uns ein wenig, aber Norma und Paul meinen, Partyhopping wäre hier normal. Wir fahren zu einem „Social Club", wo eine talentfreie Band versucht, die wenigen Gäste zu unterhalten. Um kurz vor Mitternacht tauchen plötzlich noch eine Menge Leute auf. Sonst passiert allerdings nichts. Kein Countdown, keine knallenden Sektkorken, keine frohen Wünsche, kein Feuerwerk. In weiter Ferne sehen wir immerhin ein paar einsame Raketen über Auckland aufsteigen. Wir Vier köpfen unsere Sektflasche trotzdem und quatschen mit ein paar Maoris. Richtige Silvesterparty-Stimmung will sich allerdings nicht einstellen. So nehmen wir den aufkommenden Nebel als Anlass, gegen 1.00 Uhr den kurvigen Heimweg anzutreten.

Bevor unser Flug nach Santiago ansteht, wollen wir noch zwei Ferienorte besuchen. Wir verabschieden uns von Norma und Paul und fahren nach Whangaparaoa. Hier finden wir ein prima Cottage mit nettem Familienanschluss, machen einen Ausflug zur nahe gelegenen Tölpel-Kolonie und amüsieren uns mal wieder über die Start- und Landeversuche der gefiederten Freunde. Ansonsten ist Entspannung angesagt.

Unsere allerletzte neuseeländische Unterkunft in Orewa haben wir im Internet gebucht. Besitzer Murray hat den Haustürschlüssel für uns versteckt. Und zwar wirklich versteckt, es dauert eine Weile, bis wir ihn endlich gefunden haben. Die Wohnung begeistert uns auch nicht gerade, Murray scheint wohl ein kleiner Schlunz zu sein. Die Lage in direkter Strandnähe ist allerdings super, also steht Großreinemachen auf dem Programm: Staubsaugen, Boden wischen, spülen, Bettwäsche waschen, Gartenmöbel abwischen etc. Als sich dann noch der nächste Regenschauer seinen Weg durchs Dach ins Badezimmer sucht, entkorken wir „als Entschädigung" erst mal eine Flasche Weißwein aus Murrays Weinregal. Plötzlich klingelt das Telefon. Murray ist dran. Jetzt bekommt er unseren Unmut zu hören. Murray ist einsichtig, entschuldigt sich und kommt uns mit dem Preis entgegen. Und schon sind wir alle wieder völlig entspannt. Wir freunden uns mit einer Entenfamilie an, die uns daraufhin jeden Morgen mit lebhaftem Geschnatter weckt.

So verbringen wir unsere Zeit am Strand und mit „Testpacken" unserer Rucksäcke. In den nächsten Wochen werden wir wohl keine warmen Klamotten mehr benötigen, ausrangieren können wir sie allerdings noch nicht, denn eiskalte Regionen wie Kap Hoorn und die Anden warten ja noch auf uns.

Bevor uns der Flieger nach Südamerika bringt, verabreden wir uns noch ein letztes Mal mit Norma und Paul in einem angesagten Restaurant in Auckland. Die Küche hat allerdings „Weihnachtsferien", immerhin bekommen wir ein paar Snacks in der Bar. Nach dem letzten Steinlager-Bier heißt es Abschied nehmen. Als kleines Dankeschön für die schöne Zeit überlassen wir den Beiden die bequemen australischen Campingstühle, die den fragilen Kiwi-Campingstühlen qualitativ haushoch überlegen sind. „E noho ra", auf Wiedersehen Norma und Paul! Bis bald in Deutschland! Am Flughafen geben wir unseren Mini-Camper zurück und checken bei LAN Chile ein. Good bye Neuseeland! Südamerika, wir kommen!

In der Wartezone philosophieren wir ein wenig über die Zeitzonen und die Datumsgrenze. Wir starten am 07.01. um 17.25 Uhr und haben einen elfstündigen Flug vor uns. Planmäßige Ankunft in Santiago de Chile ist um 12.25 Uhr, und zwar am selben (!) Tag. Dank der Datumsgrenze haben wir einen Tag gewonnen. Oder, andersherum gedacht: Dies ist der längste Tag unseres Lebens.

11. Chile/Osterinsel – Ralf:

Dummerweise führt unsere Flugroute von Auckland aus über die Osterinsel hinweg einmal quer über den Pazifik bis nach Santiago de Chile. Die Osterinsel wird nur von LAN Chile und auch nur von zwei Orten aus angeflogen: Papeete in Tahiti und Santiago de Chile. Also haben wir später noch einen gut vierstündigen „Rückflug" nach Rapa Nui vor uns. Na ja, wir haben es ja nicht eilig, und das ist auch gut so, denn wir bekommen direkt bei den Einreiseformalitäten die erste Latino-Lektion erteilt: Tranquilo! Ruhig bleiben! Hier geht alles ein wenig langsamer zu. Die Menschen nehmen sich noch Zeit für ein Schwätzchen, die Länge der Warteschlange ist dabei völlig egal. Irgendwann haben auch wir unsere Einreisestempel und wandern zum Gepäckband. Während andere Koffer schon die dritte Ehrenrunde drehen, tauchen unsere Rucksäcke einfach nicht auf. Man leidet ja schnell unter Verfolgungswahn, und so sind wir uns sicher, dass unsere Gepäckstücke „mal wieder" als letzte aufs Rollband gelegt werden. Diesmal jedoch nicht. Diesmal tauchen unsere Rucksäcke nämlich überhaupt nicht auf. Also auf zum Infoschalter, wo Susanne mit ihren halb verschütteten Spanisch-Kenntnissen das Verschwinden unseres Gepäcks anzeigt. Mit einem Lächeln im Gesicht werden wir vertröstet: Tranquilo! Ruhig bleiben! Der nette Flughafenangestellte unternimmt ganz offensichtlich gar nichts, so meinen wir, sondern kümmert sich direkt um den nächsten „Fall". Dann werden weitere Beschwerden bearbeitet, von unserem Gepäck fehlt nach wie vor jede Spur. Susanne drängelt sich ein wenig unsicher noch mal an den Schalter, doch ihr Ansprechpartner beschwichtigt nur: Tranquilo! Ruhig bleiben! Ohne weitere Erklärung tauchen dann plötzlich unsere Rucksäcke auf dem hinter uns liegenden Gepäckband auf. Eines haben wir dabei schnell begriffen: In Südamerika geht alles seinen gewohnten Gang, manches dauert halt ein wenig länger, aber es funktioniert. Es gibt überhaupt keinen Grund sich Sorgen zu machen, oder gar zu drängeln. Die Einreiseprozedur, man darf keine frischen Produkte - Obst, Gemüse, Fleisch, etc. – einführen, gestaltet sich dann noch etwas mühsam, weil jedes einzelne Gepäckstück durchsucht wird. Doch auch diese Hürde meistern wir, die Vorfreude auf die Osterinsel wird größer. Dann schlendern wir zum Inlandsflugschalter, denn trotz der polynesischen Bevölkerung und der Entfernung von

3.800 km zum Festland gehört die Osterinsel zu Chile. Mit den Bordkarten in der Hand sitzen wir in der Abflughalle und können unser Glück kaum fassen. Doch dann werden wir plötzlich vom Flugpersonal angesprochen werden, ob wir unsere Plätze hergeben würden – es gibt mehr Passagiere, als Plätze in der Maschine. Klassische Überbuchung. Das Angebot von LAN Chile lautet: Zwei Tage später fliegen, dafür zwei Nächte im 5-Sterne Hotel mit Frühstücksbuffet, Lunch und Dinner. Zusätzlich zwei Telefonkarten und die Taxitransfers. Außerdem 400 US-Dollar Aufwandsentschädigung pro Person. Da wir schon 15 Stunden unterwegs sind und das Geld natürlich gut gebrauchen können, überlegen wir nur kurz und nehmen das Angebot an. So wird der Osterinsel-Trip für zwei Tage aufgeschoben. Wir informieren Marta, unsere Gastgeberin auf der Osterinsel über die Verspätung, lassen uns in der Luxusanlage ein wenig verwöhnen und verarbeiten dabei ganz nebenbei die acht Stunden Zeitunterschied zu Neuseeland.

Nun geht es aber wirklich los, der heutige Flieger ist nicht überbucht. Mit dem Besuch der Osterinsel soll ein weiterer Traum in Erfüllung gehen: Wir auf den Spuren der Moai, der gigantischen Steinköpfe, deren Herkunft bis heute Rätsel aufgibt. Mittags landen wir auf der „Isla de Pascua", wieder zwei Stunden Zeitunterschied. Die Begrüßung auf dem Rollfeld (von einem Flughafen wollen wir in diesem Fall mal nicht sprechen) ist überaus herzlich: Eine traditionell gekleidete Tanzgruppe verströmt mit ihrem Gesang fröhlichen Südsee-Charme. Dazu bekommen alle Neuankömmlinge eine Blumenkette überreicht. Auch unsere Gastgeber begrüßen uns herzlich und fahren mit uns die paar Meter bis zu unserer Unterkunft direkt am Meer. Die Entscheidung, in einer festen Hütte zu wohnen anstatt zu zelten, erweist sich als richtig. Denn der Zeltplatz ist, wie es sich für eine Vulkaninsel gehört, mit scharfkantigen Steinen übersät. So bezahlen wir die erste Übernachtung nicht in bar, sondern mit unserem Zelt, denn auf der weiteren Reise werden wir es wohl nicht mehr benötigen. Die hochschwangere und geschäftstüchtige Marta freut sich über ein weiteres Mietzelt, und wir sind unseren Ballast los. Die beiden Isomatten schenken wir einem dankbaren zeltenden englischen Pärchen. Anschließend verschaffen wir uns zu Fuß einen Überblick über den Hauptort Hanga Roa, in dem fast alle der nur 2.800 Inselbewohner leben. Die Preise in den wenigen Lebensmittel-Läden sind erwartungsgemäß nicht gerade günstig, aber wenn man bedenkt, dass außer Fischen, Früchten und Gemüse alle Produkte eingeflogen werden müssen, wollen wir mal nicht meckern. Das ist eben der Preis der totalen Abgeschiedenheit.

Am nächsten Tag wollen wir endlich die Moais sehen! Also mieten wir uns trotz enormer Hitze zwei Fahrräder und machen uns auf die Suche. Die Inselringstraße ist geteert, doch jedes Abbiegen bedeutet mühsames strampeln auf holprigen oder sandigen Pisten. Wir treten in die Pedale und kommen an Feldern, Kargland und schroffen Küstenstreifen vorbei, bis wir die erste Steinstatue entdecken. Sie ist zerbrochen und liegt auf dem Gesicht. Schade. Doch jetzt hat unsere Entdeckerlust noch mal einen richtigen Schub bekommen. Wir fahren weiter und finden einen Altar mit gleich acht umgestürzten Moais. Als der erste Europäer, der Holländer Jacob Roggeven Ostersonntag 1722 die Insel betrat, lagen die etwa 800, über der ganzen Insel verteilten Statuen bereits am Boden. Inzwischen sind einige restauriert und wieder aufgerichtet worden, die wollen wir natürlich sehen. Wir radeln weiter und entdecken immer mehr Figuren, stets in Küstennähe, immer umgestürzt und komischerweise alle auf dem Gesicht liegend.
Nach mehr als 20 km Fahrt gegen den Wind unter der stechenden Sonne erreichen wir Tongariki. Schon von weitem sehen wir die ersten aufrecht stehenden Moais. Auf einer steinernen Plattform wurden gleich 15 monumentale Steinskulpturen in unterschiedlicher Größe nebeneinander aufgestellt.

Alle haben große Köpfe, markante Nasen, überlange Ohren und eng an den Körper angelegte dünne Arme, manche tragen dazu Kopfschmuck aus rotem Tuffstein. Als wollten sie das Geheimnis ihrer Existenz für sich behalten, schauen sie majestätisch über unsere Köpfe hinweg in die Ferne. Der Anblick ist wirklich beeindruckend! Wir sind jetzt am anderen Ende der Insel und entscheiden uns für die komplette Rundfahrt, kommen dadurch noch an einem pinkfarbenen Strand und dem Ort Anakena vorbei. Hier landete Thor Heyerdahls Expedition 1955 mit dem Holzfloß Kon-Tiki, womit er beweisen wollte, dass es bereits im 16. Jahrhundert indianische Kontakte von Südamerika aus zur Osterinsel gab. Unsere Rückfahrt entwickelt sich langsam zur echten Strapaze: Die Sonne brennt gnadenlos auf uns herab, es gibt keine Möglichkeit Getränke zu kaufen, der unbequeme Sattel und die holprige Piste sorgen für schmerzende Hintern und das Überwinden der vulkanischen Hügelketten fordert vollen Muskeleinsatz.

Weil es so schön war, fahren wir am nächsten Morgen direkt noch mal los, diesmal nach Rano Raraku, dem Vulkan, aus dessen Fels die Figuren herausgemeißelt wurden. Ein halbfertiger Moai liegt noch in der „Werkstatt" und wir können uns bildhaft vorstellen, wie der Fels mit Meißeln bearbeitet wurde. Am Hang des Vulkans stehen und liegen unzählige Statuen herum, die längste ist neun Meter lang. Weit und breit ist keine Menschenseele zu sehen, wir sind ganz allein mit den Skulpturen. Wir setzen uns zwischen die Moais, schauen aufs Meer und genießen den Zauber dieses Ortes.

Forscher vermuten, dass die Urbewohner etwa im Jahr 800 mit Kanus aus Polynesien kamen. Die Moais stellen Ahnen dar und sollten die Stärke der einzelnen Clans demonstrieren. Transportiert wurden die Figuren kilometerweit über hölzerne Rollen. Ungeklärt ist bis heute, warum die Produktion schlagartig beendet wurde. Eine Möglichkeit ist, dass die Insel den Holzbedarf für die Rollen nicht mehr decken konnte, eine andere, dass die Steinmetze nicht mehr bezahlt werden konnten. Eine dritte Version vermutet, dass die ersten Bewohner der Insel, die „Langohren" die später angelandeten „Kurzohren" gezwungen hatten, die Statuen zu fertigen. Das würde zumindest erklären, warum die Moais alle auffallend lange Ohren haben. Bei einem blutigen Aufstand haben die „Kurzohren" die „Langohren" dann besiegt und der Steinkopf-Kult geriet in Vergessenheit. Doch die Osterinsel birgt noch weitere Rätsel. In Orongo, am Rande des Kraters Rano Kau sollen sich Petroglyphen, also historische, in Stein geritzte Zeichen befinden. Wir wollen den Vulkan erklimmen und wandern los.

Wir sind noch gar nicht weit gekommen, da bieten uns Einheimische die Mitfahrt im Geländewagen an. Die Inselbewohner sind alle sehr hilfsbereit und neugierig, also kommen wir schnell ins Gespräch. Am Vulkan angekommen bestaunen wir den kreisrunden Kratersee, der mit moosartigen Inseln bedeckt ist. Jedes Jahr Anfang Februar rasen ein paar waghalsige Insulaner in traditionellen Trachten auf Bananenstauden den steilen Kraterrand runter. Aber um das zu erleben, müssen wir wohl noch einmal hierher kommen. Wir wandern weiter, bis wir die 50 ursprünglichen Steinhäuser von Orongo erreichen. Die Petroglyphen zeigen die Sagengestalt Tangata, halb Mensch, halb Vogel. Von hier aus hat man einen guten Blick auf drei vorgelagerte

Inselchen, auf denen die Rußseeschwalben ihre Nester bauen. Der Legende nach gab es früher jährlich einen Schwimm-Wettkampf zwischen Vertretern der einzelnen Clans. Derjenige, der das erste unbeschädigte Ei herbeischaffte, war für die Dauer eines Jahres Tangata Manu – der Vogelmensch. Wir schauen aufs Meer, denken über die damaligen Bräuche nach und freuen uns hier sein zu können. Hier auf der Osterinsel, der Heimat einer ganz eigenständigen Kultur, der Geburtsstätte von Mythen und Legenden.

Am nächsten Tag werden wir von der Wirklichkeit eingeholt, es heißt Abschied nehmen, der Weiterflug nach Santiago liegt vor uns. Es ist der einzige Flug an diesem Tag, und doch hat er vier Stunden Verspätung.

12. Nordargentinien – Susanne:

Zum Glück haben wir eine reservierte Unterkunft in Santiago de Chile, sonst könnten wir nachts um zwei Uhr noch die Hostals abklappern. Die nächsten Tage erkunden wir zu Fuß und mit der Metro die Stadt, besorgen uns am Internationalen Busterminal Tickets für die Weiterfahrt nach Mendoza in Argentinien, bummeln über den Mercado Central und leisten uns ein schmackhaftes 3-Gänge-Menü für umgerechnet drei Euro. Wir besorgen uns schon mal ein paar Informationen zu Patagonien und kraxeln auf den Cerro Santa Lucia, der mit seiner Heiligenstatue dem Corcovado in Rio de Janeiro ähnelt. Von hier oben haben wir einen tollen Blick über die 6-Millionenstadt mit dem Anden-Panorama am Horizont. Im lebhaften Stadtviertel Bellavista trifft sich ein Mix aus Künstlern, Musikern, Studenten und feinen Leuten. Wir gönnen uns einen Aperitif im Straßencafé, als plötzlich ein Alleinunterhalter für Aufsehen sorgt. Er spielt Mundharmonika und dreht sich dabei blitzschnell um die eigene Achse, mal in der Hocke, mal aufrecht. Um die Show musikalisch abzurunden, hämmert er rhythmisch mit mehreren Trommelstöcken auf die riesige Pauke auf seinem Rücken ein. Allein vom Zuschauen wird uns schon schwindlig. Die vergnügten Studenten spenden dem Mann Bier in großen Gläsern statt der erhofften Pesos. Beim nächsten Auftritt tanzt er unter dem Gejohle der Zuschauer schneller und schneller, bis er sich schließlich selbst überholt und auf dem Hintern landet. Lautstarkes Gelächter begleitet sein Finale, von Betroffenheit keine Spur. Er rappelt sich wieder auf, vergewissert sich, dass der Pauke nichts passiert ist, lässt sich noch ein paar Bier spendieren und wandert weiter zu seinem nächsten Auftritt. Wir ziehen auch weiter, und zwar nach Mendoza. Früh morgens besteigen wir den Bus mit seinen bequemen Liegesitzen. Die Tour führt über die Anden-Passstraße und windet sich spektakulär über 29 Haarnadelkurven steil bergauf, vorbei am „Dach Amerikas", dem 6.959 m hohen Aconcagua. Die Grenzstation liegt auf knapp 2.800 m und die Formalitäten gehen ihren geordneten Gang, was bedeutet: Wir brauchen Geduld, denn die chilenischen und argentinischen Grenzbeamten nehmen sich Zeit für die Personen- und Passkontrolle. Zudem wird das Handgepäck systematisch nach Obst und Fleisch durchsucht. Doch irgendwann geht es weiter.

Nach sieben Stunden Fahrt erreichen wir unser Ziel. Am Busbahnhof werden wir direkt von Betten-Vermittlern umringt, die sich eine kleine Provision verdienen möchten. Diese Art des Anwerbens ist in ganz Südamerika verbreitet. Wir sichern in dem Tohuwabohu erst einmal unsere Rucksäcke, bevor wir die Angebote vergleichen. So manchem Reisenden ist in dem Getümmel schon das Gepäck gemopst worden. Nachdem wir uns einen Überblick über das Hostal-Angebot verschafft haben, lassen wir uns von einem der „Schlepper" zu seiner Unterkunft chauffieren. Wir haben Glück, das Zimmer ist sauber, nicht teurer als versprochen und liegt zentral. Wir checken ein und schlendern durch die Stadt auf der Suche nach einem Geldautomaten, denn wir müssen uns zuerst mal mit argentinischen Pesos eindecken. Überraschenderweise liegt der abzuhebende Höchstbetrag bei 500 Pesos, was nur etwa 110 Euro entspricht. Das bedeutet, dass wir in Argentinien wohl häufiger unseren Bargeldbestand auffrischen müssen. Wir prägen uns den neuen Wechselkurs ein und kümmern uns sodann um die Bekämpfung des Hungergefühls. Mendoza gilt nicht zufällig als die Feinschmecker-Hauptstadt Argentiniens, in einem schicken Lokal probieren wir die erstklassigen Rindersteaks aus der Pampa mit Beilage. Dazu bestellen wir je eine Flasche Wasser und Rotwein aus den ausgezeichneten Weingütern rund um Mendoza. Ein kulinarisches Highlight zu einem tollen Preis-/Leistungsverhältnis, der ganze Spaß kostet uns gerade mal umgerechnet 15 Euro. Während das argentinische Frühstück mit einer Tasse Kaffee und süßen Backwaren eher bescheiden ausfällt, wird viel Wert auf die weiteren Mahlzeiten gelegt. Ungewöhnlich sind allerdings die Öffnungszeiten der Abendlokale: Als wir um halb neun ein Restaurant mit knurrendem Magen betreten, sind wir die einzigen Gäste, werden von der Bedienung schräg gemustert und müssen uns eine ganze Weile gedulden, bis die Küche auf Touren kommt. Wir fragen uns, ob die Gastronomie an den Auswirkungen der Weltwirtschaftskrise leidet. Doch weit gefehlt, gegen zehn Uhr füllt sich der Laden allmählich, und das große Schmausen beginnt.

Ein weiterer unverzichtbarer Teil argentinischer Lebensart ist die Siesta. Zwischen 14.00 und 16.00 Uhr ist Mendoza praktisch ausgestorben, sogar die Springbrunnen (!) werden in dieser Zeit abgestellt. Die Sitte des Siesta haltens, um sich ausgeruht ins Nachtleben stürzen zu können, haben wir, ganz die flexiblen Globetrotter, ohne Anpassungsschwierigkeiten übernommen. Abends ist es auf den Plazas und in den Parks dementsprechend sehr lebhaft. Hier tummeln sich Leute aller Altersklassen, von Kleinkindern bis zu elegant gekleideten Senioren. Tanzpaare zeigen ihr Können beim Tango Argentino, Trommler sorgen mit vollem Körpereinsatz für echten Trommelwirbel und Alleinunterhalter erfreuen ihr Publikum. Die lebenslustigen Latinos sind jetzt in ihrem Element, bis tief in die Nacht hinein wird gelacht und getanzt.

Unser nächstes Ziel ist Salta in Nordargentinien. Die 21-stündige Busfahrt haben wir dank ausreichendem Schlaf in den bequemen Liegesitzen gut überstanden. Das übliche Procedere folgt: Unterkunft suchen, ein paar Klamotten im Waschbecken waschen, Kartenmaterial in der Touristeninfo besorgen, Getränke und Obst im Supermercado einkaufen. Geduldig stellen wir uns in die Kassenschlange und beobachten, warum es nur schleppend voran geht. Die Kassiererinnen scannen die Ware im Zeitlupentempo, nach dem Motto: Ich muss eh acht Stunden hier absitzen, egal ob ich schnell oder langsam arbeite. Dafür sind sie stark in der Kundenbindung, weil sie sich gerne in ein Schwätzchen verwickeln lassen. Die Kunden hingegen bezahlen ihre Einkäufe oft mit der Kreditkarte, außerdem haben sie eine Kundenkarte, die ebenfalls gelesen werden muss. Besonders zeitaufwendig ist es jedoch, wenn die Kunden an der Supermarktkasse auch noch Geld vom Bankkonto abheben wollen. Häufig übersteigt der gewünschte Pesobetrag den Kasseninhalt, also muss erst der Laden interne Geldbote kommen. Nun sind wir aber endlich an der Reihe, bei uns wird es wohl schnell gehen, denn wir haben keine Kundenkarte und wir zahlen in bar. Leider falsch gedacht, in der Kasse befindet sich so gut wie kein Wechselgeld, also ruft die Dame laut „Cambio" durch den Laden und wir warten gemeinsam auf die für das Wechselgeld zuständige Angestellte. Der Supermercado ist jedenfalls ein bedeutender Arbeitgeber, denn neben den sechs Kassiererinnen werden noch sechs Packer beschäftigt, die die Einkäufe in Plastiktüten stecken. Außerdem sorgen noch vier weitere Leute im Kassenbereich für einen vermeintlich reibungslosen Ablauf. Wir können uns also vergewissern, dass hier alles prima funktioniert, was zählt da schon eine halbe Stunde Schlangestehen?

Salta, bereits 1582 gegründet, ist eine tolle Stadt mit vielen gut erhaltenen Kolonialgebäuden, schicken Plazas, zahlreichen Parks und einer creme- und pinkfarbenen Kathedrale. Als lohnenswertes Ziel für unsere morgendliche Laufstrecke haben wir uns den Cerro San Bernardo ausgesucht. Der Weg auf den Gipfel führt über 1.000 ungleichmäßige Naturstufen. Als Belohnung für die Anstrengung erwarten uns plätschernde Wasserfälle in einer hübschen Grünanlage und ein toller Blick über die Stadt.
Salta ist aber auch unser Ausgangspunkt für interessante Abstecher in die Umgebung. Zunächst unternehmen wir eine Zweitages-Exkursion hoch hinauf

in die Anden. Die Route führt von Salta aus weiter Richtung Norden über Jujuy und Tilcara bis nach Humahuaca, dem „weißen Dorf", welches sich auf 3.000 Metern Höhe befindet. Das Straßenbild verändert sich drastisch. Die Lehmziegelhäuser werden schlichter und die Gesichter der Menschen indianischer. Bolivianische Frauen mit Filzhüten und schwarzen Zöpfen bieten bunte Ponchos, Teppiche und Pullis aus Alpaka-Wolle an. Doch auch hier droht der Touristen-Nepp: Zwischen die wirklich hochwertigen und günstigen Alpaka-Pullover haben die cleveren Indios auch billige Polyester-Pullis gemischt. Mit diesen Impressionen verlassen wir Humahuaca wieder Richtung Purmamarca, wo der „Berg mit den sieben Farben" dominiert. Nachdem die Tagesgäste verschwunden sind, unternehmen wir einen Spaziergang und genießen das Farbspiel der bunten Berge während des Sonnenuntergangs. Der Hunger treibt uns noch in ein einfaches Restaurant, wo wir uns mit Empanadas, Salat und Hauswein stärken und ganz nebenbei Eindrücke vom hiesigen Familienleben mitbekommen. Dann meldet sich die Müdigkeit, wir schlendern mit Taschenlampen durch die Dunkelheit zu unserer schlichten, ortstypischen Unterkunft. Am nächsten Morgen warten weitere Highlights auf uns. Mit von der Partie ist diesmal ein argentinisches Paar aus Buenos Aires, das uns direkt nach der Abfahrt an einem typisch argentinischen Ritual teilnehmen lässt, es gibt Matetee zu trinken. Der Becher mit dem silbernen Trinkstab kreist im Auto und während wir bei traumhaften Ausblicken immer höher in die Anden hinauffahren, gibt es unaufhörlich Mate zu trinken. Die zerklüfteten Berge sind nicht unbewohnt, wir entdecken mehr und mehr Lamas, während hoch über uns der Kondor kreist. Den höchsten Punkt erreichen wir bei 4.200 m bevor es wieder leicht bergab geht, um auf eine Hochebene zu gelangen. Hier taucht urplötzlich die Salinas Grandes vor uns auf, eine riesige Salzwüste, umrahmt von diversen Sechstausendern. Trotz der Höhe ähneln die klimatischen Bedingungen denen der Sahara. Das gleißende Weiß des Salzes blendet selbst durch die unverzichtbaren Sonnenbrillen. Ralf schnappt sich eine der Spitzhacken, mit denen früher das Salz mühsam abgebaut wurde und erntet ein paar glitzernde Brocken. Der Geschmackstest entlarvt das Mineral tatsächlich als intensiv schmeckendes Salz. Die wenigen Souvenirhändler, die hier den ganzen Tag auf Touristen warten, haben sich als Schutz vor den tausendfach reflektierenden Sonnenstrahlen komplett verhüllt, selbst ihre Gesichter sind völlig verdeckt. Die vermummten Gestalten in der riesigen weißen Wüste bieten schon einen bizarren Anblick: Man könnte meinen, wir wären in einen Science Fiction-Film geraten.

Nun geht es weiter nach San Antonio de los Cobres. Das Minenstädtchen auf 3.800 m Höhe liegt kurz vor der Bahnendstation des „Tren de los Nubes", der sich von Salta aus bis auf 4.200 m Höhe windet. Von diesem Mini-Bahnhof aus überquerte der „Zug zu den Wolken" früher einmal die Anden und verband Argentinien mit Chile. Der Linienverkehr wurde leider eingestellt, der Zug verkehrt jetzt nur noch auf der argentinischen Seite, und zwar ausschließlich während der Trockenzeit. Pech für uns, wir haben die falsche Jahreszeit erwischt. Um dennoch eine Vorstellung von der spektakulären Bahnstrecke zu bekommen, fahren wir mit unserem Allradfahrzeug über unbefestigte Pisten, größtenteils in Sichtweite der Bahnlinie. Der kurvenreiche Gleisverlauf, teilweise am Rande des Abgrunds, führt durch schmale Tunnel und über unzählige Brücken in schwindelnden Höhen. Hinter jeder Kurve erblicken wir neue Traumkulissen in dieser Abgeschiedenheit. Zum guten Schluss erkunden wir die Ruinen der Inka-Stätte Tilpaz, bevor es zurück nach Salta geht.

Nach einem Ruhetag in Salta begeben wir uns auf die nächste Tour. Diesmal geht es in den Südwesten, nach Cachi. Wir fahren durch fruchtbare Andentäler, die einen kräftigen Kontrast zu den kargen Geröllhängen der Berge darstellen. Lamaherden gaffen hinter uns her und ab und zu begegnen wir einem Bauern, der gemächlich auf seinem Esel daher trabt. Plötzlich dominieren riesige

Kakteenfelder die Landschaft. Meterhohe Kakteen, die man aus den Lucky Luke-Comics kennt, strecken sich vor schneebedeckten Andengipfeln in die Höhe. Wir halten an und schauen uns die stachligen Riesen aus der Nähe an. Das Kaktusholz der besonders großen und alten Exemplare wird selbst heute noch als Baumaterial, unter anderem für Türen benutzt. In der hübschen Stadt Cachi, die schon vor dem Eintreffen der Inka existierte, besteht z. B. das Kirchendach aus Kaktusholz. Wir schlendern durch die Gassen, essen in einem bei Einheimischen beliebten und dementsprechend sehr lebhaften Lokal zu Mittag und machen uns dann auf den Weg zurück nach Salta.

13. Iguazu-Wasserfälle – Ralf:

Nun verlassen wir den staubigen Nordwesten Argentiniens mit seiner indianisch geprägten Kultur und machen uns auf den Weg zu einem weiteren Highlight Südamerikas, den Iguazu-Wasserfällen. Die 22-stündige Fahrt in einem komfortablen Reisebus mit Liegesitzen ist kurzweiliger, als wir zunächst befürchtet hatten. Sümpfe, Lagunen und sattgrüne Pflanzen dominieren jetzt die Landschaft. Die Wasserfälle selbst liegen im Dreiländereck von Paraguay, Argentinien und Brasilien, wobei die Landesgrenzen durch die Flüsse Iguazu und Parana verlaufen. Wir bleiben zunächst in Puerto Iguazu, um die argentinische Seite des Nationalparks zu besichtigen. Der Eintrittspreis ist mit 60 Pesos (rund 13 Euro) übrigens dreimal teurer als für Einheimische. Diese Preispolitik tut uns Touristen nicht sonderlich weh, ermöglicht aber vielen Argentiniern ebenfalls den Eintritt. Vom Besucherzentrum aus fahren wir mit einer Schmalspurbahn in den Nationalpark. Dank kilometerlanger Stege über die Wasserlandschaft teilweise direkt über den Wasserfällen haben wir spektakuläre Ausblicke auf die 275 Kaskaden. Hier stürzen mehrere Millionen Liter Wasser pro Sekunde (!) auf einer Breite von 3 km in die Tiefe. Damit ist das „große Wasser" viermal breiter als die Niagara-Fälle. An der engsten Stelle der zerklüfteten Felskante, der „Garganta del Diablo", dröhnen die Wassermassen so laut, dass wir unser eigenes Wort nicht mehr verstehen. Hitze und hohe Luftfeuchtigkeit machen uns plötzlich nichts mehr aus, denn wir stehen inmitten der spritzenden Gischt. Millionen von Wassertröpfchen sorgen für atemberaubende Lichtspiele. Wir stehen im Zentrum eines Naturwunders. In den angrenzenden Wäldern bieten Orchideen, Farne und Palmen reichliche Tummelplätze für Tukane, Papageien und Schmetterlinge. Doch auch Vierbeiner streifen durchs Unterholz, vorwitzige Nasenbären laufen uns direkt über die Füße und machen Männchen, in der Hoffnung auf eine Futterspende.

Am nächsten Tag heißt es vorerst Abschied nehmen von den Gauchos, wir reisen mit einem Linienbus die 10 km nach Foz do Iguazu in Brasilien. Die argentinischen Grenzformalitäten gehen flott und wir fahren zügig weiter zur brasilianischen Grenze. Während wir uns bei den Zöllnern die notwendigen Einreisestempel abholen, macht sich der wortkarge Busfahrer aus dem Staub. So stehen wir mit vier anderen Touristen in der prallen Sonne und sind uns unschlüssig, ob wir von hier aus zu Fuß gehen müssen. Nach einer Weile der Ungewissheit kommt dann doch ein weiterer Linienbus, der uns in die Stadt bringt. Tranquilo, tranquilo, wir sind nun mal in Südamerika – die Informationspolitik ist dürftig, aber das System funktioniert.

Eine weitere Bettensuche steht uns bevor, und wieder müssen wir uns umstellen: Hier in Brasilien wird portugiesisch gesprochen, eine Sprache, die wir beide nicht mal im Ansatz beherrschen. Wir finden allerdings schnell heraus, dass einige Brasilianer auch englisch sprechen, was uns eine Unterhaltung enorm erleichtert. Es stellt sich aber auch heraus, dass sich die Weltwirtschaftskrise negativ auf die Bettenauslastung auswirkt, und so unterbieten sich die Hoteliers gegenseitig mit Kampfpreisen. Des einen Leid ist des anderen Freud: Wir checken für kleines Geld in einer komfortablen Unterkunft ein. Apropos Geld: Neues Land, neue Währung! Bevor wir unsere Getränkevorräte erneuern können, versorgen wir uns am Geldautomaten erst mal mit brasilianischen Reais. Der Besuch des ersten Lebensmittelladens in einem neuen Land ist immer spannend und ein wichtiger Gradmesser für die Lebenshaltungskosten: Wie breit gefächert ist das Angebot, was kosten die Getränke, wie teuer ist Obst? Dieser Supermarkt hat seinen Namen verdient, zwar sind die Preise etwas höher als in Argentinien, dafür verfügt er über ein prima Sortiment, wir sind sehr zufrieden. Abends in einer Churrasceria gibt es dann im wahrsten Sinne des Wortes „Fleisch bis zum Abwinken", die Grillmeister bringen unentwegt neue Fleischvarianten am Spieß, bis wir irgendwann pappsatt kapitulieren. Das Frühstücksbuffet fällt ebenso üppig aus: Neben Brot, Schinken, Käse, Marmelade, Müsli, Rührei, Würstchen und Obst gibt es noch verschiedene Kuchen und Pizza. Eins steht fest: Kleine Portionen kennen die Brasilianer nicht. Wir schauen uns ein wenig in der Stadt um, verzichten auf ein Mittagessen und durchstreifen stattdessen einen nahe gelegenen Tierpark. Abends knurrt uns dann doch wieder der Magen, diesmal entscheiden wir uns für ein Pizza-Rodizio, und das geht so: Wir zahlen etwa 3,50 Euro pro Person und suchen uns einen Tisch. Wir haben kaum Platz genommen, da wird uns schon ein Pizzablech mit verschiedenen Belägen angeboten. Wir wählen unsere Lieblingssorten und futtern munter drauflos. Kaum drei Minuten später, wir sind noch mit unseren ersten Stücken beschäftigt, beginnt die zweite Runde, diesmal mit anderen schmackhaften Varianten. Wir kommen aus dem Kauen nicht mehr heraus, permanent werden uns neue Pizzastücke angeboten, darunter auch etwas zweifelhafte kulinarische Genüsse wie Bananen- und Schokoladenpizza. Irgendwann, etwa beim zehnten Durchgang winken wir ab: mehr passt nicht rein. Völlig entsetzt schaut uns der Pizzaboy an und sagt, wir hätten unsere Wunschpizza doch noch gar nicht bestellt. Na gut, ein letztes Stück soll's noch sein. Und während wir unseren Kaumuskeln eine weitere Anstrengung abverlangen, zeigt man uns die riesige Eistruhe mit dem Nachtischangebot. Natürlich gilt auch hier: All you can eat. Was für eine Völlerei, kein Wunder, dass einige Brasilianer echte Dickmöpse sind. Um die zweifelsfrei notwendige Verdauung anzuregen, gehen wir auf Nummer Sicher: Einem ausgedehnten Spaziergang folgen dann noch landestypische Caipirinhas.

Der nächste Tag beginnt mit einem Lauf um den Häuserblock, damit wir nicht schon wieder einen Kalorienüberschuss erwirtschaften. Dann fahren wir zu den Cataratas, der brasilianischen Seite der Iguazu-Falls. In diesem Nationalpark gibt es weniger Laufstege über dem Wasser und wir kommen nicht so nah an die tosende Gischt heran, dafür kann man von hier aus die Gesamtheit des Naturspektakels besser überblicken. So haben beide Naturparks Vor- und Nachteile, aber man sollte unbedingt beiden einen Besuch abstatten.

14. Südbrasilien – Susanne:

Von Foz do Iguazu aus fahren wir, natürlich wieder mit dem Fernreisebus, weiter nach Südbrasilien. Die Nachtfahrt mit dem Bus nach Curitiba spart uns das Hotelzimmer, allerdings erreichen wir unser Ziel bereits morgens um halb sechs und müssen nun eine Unterkunft finden, die bereits vormittags bezugsfertig ist. Wir machen uns schon auf eine stundenlange Odyssee gefasst, doch wir haben Glück. Während Ralf mit unserem Gepäck am Busbahnhof wartet, mache ich mich auf die Suche und habe direkt im ersten Anlauf Glück. Nach kurzer Verhandlung mit dem Empfangschef können wir uns schon jetzt im Promenade Hotel breitmachen und uns noch eine Mütze Schlaf gönnen.

Der Erkundungstrip durch die Stadt führt uns zum Mercado Municipal, dem wohl schönsten und saubersten Markt, den wir je gesehen haben. Handwerklich aufwändige Lebensmittelstände mit Leckereien aus der ganzen Welt buhlen um die Gunst der Kunden. Kein Wunder, dass wir Appetit bekommen. Wir bedienen uns am warmen Buffet und genehmigen uns anschließend ein Mittagsschläfchen. Frisch gestärkt machen wir uns mal wieder auf die Suche nach einem Geldautomaten. In einer großen Ladenpassage stehen sieben Geräte, doch nicht ein einziger kann Geld ausspucken. Im Stadtzentrum finden wir dann endlich einen einsatzbereiten Geldautomaten. Wir wollen 1.000 Reais abheben, doch eine 50-Real-Banknote verheddert sich. Während Ralf das Geld zählt und Diebstahl sicher verstaut, packe ich eine Ecke des blockierten Geldscheins und entreiße dem Greifer den zerknitterten und halb zerrissenen Fünfziger. Das war knapp, fast wäre der Schein weg gewesen. Doch dann kommt die Pointe, nachdem wir nochmals das Geld nachzählen, stellen wir fest, dass der Automat uns einen Schein zu viel gegeben hat, nämlich den, um den ich so erbittert gekämpft habe im festen Glauben, dass es unser Geld ist. Die Bank hat bereits geschlossen, niemand da, so bleibt uns nichts anderes übrig, als uns über diese unerwartete Zusatzgabe zu freuen. Wir bummeln noch durch den Botanischen Garten und einen kleinen Tierpark, dann heißt es schon wieder Sachen packen, denn morgen geht es weiter. Mit dem nostalgischen Serra Verde Express wollen wir von Curitiba nach Morretes fahren. Schon am Bahnhof herrscht ein ziemliches Gedrängel. Die Brasilianer nutzen diese Tour für gesellige Familienausflüge. Laut Reisehandbuch hat man von den Plätzen auf der linken Seite die beste Sicht auf die üppige Natur, also besetzen wir die erste freie linke Holzbank. Der Bummelzug setzt sich langsam in Bewegung, kreuzt erst mal ein paar ungesicherte Straßen und verlässt langsam die dicht besiedelten Gebiete. Wir erreichen den Nationalpark, die Vegetation wird ursprünglicher und der Zug schlängelt sich durch enge Felsspalten und über unzählige Viadukte. Der Blick in die unter uns liegenden tiefen Schluchten und Wasserfälle treibt uns den Puls in die Höhe. Sattgrüne Tropenvegetation dominiert die Landschaft. Für Stimmungswechsel sorgen die engen, unbeleuchteten Tunnel.

Sobald wir durch eines der schwarzen Löcher rattern, kreischen die Brasilianer vor Vergnügen, als säßen sie in der Geisterbahn. Der Serra Verde Express ist auch für die Dorfkinder eine willkommene Abwechslung, und so rennen sie barfüßig winkend und schreiend neben dem Zug her. Die kurzweilige Reise durch den tropischen Regenwald Brasiliens gilt zu Recht als Erlebnistour auf Gleisen. In Paranagua, inzwischen sind wir an der Atlantikküste, überrascht uns ein Tropenschauer, gerade noch rechtzeitig können wir uns in ein überdachtes Straßencafé retten. Bei einem leckeren Caipirinha beobachten wir, wie die Straßen schnell überflutet werden und der Verkehr zum Erliegen kommt. Plötzlich reißt eine heftige Windbö das Café-Dach in Stücke und der Regen prasselt auf uns herab. Wir rücken mit den anderen Gästen in einer halbwegs geschützten Ecke eng zusammen und erfreuen uns an der unaufgeregten Situationsbewältigung. Der Ober versorgt uns erst mal mit Sonnenschirmen als Regenschutz, dann balanciert er vergnügt noch weitere Drinks durch den Regen. Wieder einmal triumphiert südamerikanische Gelassenheit über kleine Alltagsärgernisse wie etwa ein kaputtes Dach. Und so warten wir alle gut gelaunt das Ende des Unwetters ab. Eine Bootsprozession ist der kulturelle Höhepunkt des nächsten Tages. Fantasievoll geschmückte Ausflugsdampfer, Fischerboote und Einbäume treiben den Fluss entlang. Die vielköpfigen Besatzungen feiern lautstark und übertreffen sich gegenseitig mit ohrenbetäubendem Feuerwerk. Den Grund für die Flussparade können wir nicht herausfinden, ist vielleicht auch nicht so wichtig. Die Hauptsache ist doch, dass die Brasilianer mal wieder ihrem liebsten Hobby, dem Feiern nachgehen können. Die folgende Busreise bringt uns zurück nach Deutschland. Na ja, nicht ganz, jedenfalls wandeln wir auf den Spuren der deutschen Einwanderer von 1850. Wenn man genau hinschaut, findet man hier in der Gegend um Blumenau noch viele Hinweise auf Pioniere aus unserem Kulturkreis. So spricht der 72-jährige Taxifahrer, der uns zum Hotel Hermann bringt, einwandfrei deutsch, obwohl er uns nicht mehr sagen kann, aus welchem Teil Deutschlands seine Großeltern denn einmal kamen. Immer wieder begegnen uns deutsche Namen oder Begriffe. In der Konditorei Maier kann man Strudel kaufen und das Hotel Wilhelmshaven steht in der Wurststraße, die man leicht an der fast durchgängigen deutschen Architektur erkennt. Das lokale Bier Eisenbahn wird natürlich nach dem deutschen Reinheitsgebot gebraut und in den Gaststätten Deutsches Eck und Frohsinn ausgeschenkt. Schwarzwälder Fachwerkhäuser blinzeln aus dem Regenwald hervor und das nach dem Karneval größte Volksfest Brasiliens ist selbstverständlich das Oktoberfest in Blumenau. Zahlreiche Fotos im Bier-Museum zeugen von bayrischem Brauchtum, und wer beim brasilianischen Oktoberfest in Lederhose oder Dirndl aufkreuzt, fällt garantiert nicht auf. Sehr kurios! Dann zieht es uns nach Florianopolis auf der Urlaubsinsel Santa Catarina. Im schön gelegenen Ortsteil Lagoa finden wir ein prima Appartement. Die Lage ist gut, es sind nur ein paar Meter bis zum Ortskern und zur Lagune, also mieten wir uns ein. Die Insel mit ihren 170 Stränden ist ein Paradies für Wasserratten, besonders beliebt sind die hohen Wellen und die kräftigen Winde bei den Surfern. Selbst die hohen Dünen werden touristisch vermarktet. Wer will, kann hier die Sandhügel runter surfen, bergauf geht es bequem mit dem Schlepplift. Der Wind sorgt aber auch regelmäßig für kräftige Sandverwehungen, so dass sich die Straßenkehrer über einen krisenfesten Job freuen können. Wir freuen uns eher über ein paar Tage entspanntes Nichtstun. So schlendern wir über den Wochenmarkt mit seinem tropischen Obst- und Fischangebot, schauen dem Samba-Nachwuchs beim

Tanztraining auf der Dorfbühne zu und entdecken im Baum direkt neben unserer Veranda unzählige Papageien beim Knacken und Futtern von Samenkapseln.

Gut erholt setzen wir unsere Reise fort, zuerst mit einem Stadtbus. Diese Busse sind immer mit zwei Leuten besetzt, dem Fahrer und dem Schaffner. Der Schaffner kassiert das Beförderungsgeld und kontrolliert das extrem enge Drehkreuz, das wir mit den Rucksäcken nur mit Mühe passieren können. Für wenig Standfestigkeit bei uns Passagieren sorgt zudem der Busfahrer, der Gas- und Bremspedal stets voll durchtritt. Ziemlich durchgerüttelt kommen wir am Fernreisebusbahnhof an. Das Gefährt nach Montevideo in Uruguay ist nicht mal halbvoll, nur acht Passagiere wollen die 18 Stunden mit uns im Bus verbringen. Das ist natürlich super, so können wir uns mal so richtig breit machen. Ein freundlicher, aber wenig kommunikativer Reisebegleiter sammelt die Reisepässe ein und schon fahren wir los. Ob und wann wir Pausen machen, und ob es unterwegs mal einen Snack gibt, will der nette Kollege lieber für sich behalten, vielleicht weiß er es auch nicht. Der Busfahrer kann diesmal sein Rennfahrertalent nicht beweisen, denn wir fahren durch die vermutlich längste Baustelle der Welt: Nicht enden wollende 400 Kilometer rumpeln wir über Behelfswege bis nach Porto Alegre. Wir vertreiben uns die Zeit mit einem Buch und schlummern bald darauf ein. Mitten in der Nacht weckt uns der Reisebegleiter und drückt uns wortlos Gutscheine in die Hand. Schlaftrunken folgen wir den anderen Passagieren und landen in einem riesigen Restaurant, wo wir im Tausch gegen den Gutschein ein Nudelgericht serviert bekommen. Na also, der Verpflegungsservice ist okay, wenn auch nicht gerade zur richtigen Zeit. Wieder im Bus, erhalten wir den Befehl, alle Vorhänge zuzuziehen. Der Reisebegleiter erklärt: „Auf dieser Strecke werden Busse häufig mit Steinen beworfen!" Ob es sich um eine Art Nachbarschaftsrivalität handelt, da wir ja über die Grenze nach Uruguay wollen, bleibt ungeklärt. Egal, Augen zu und „Gute Nacht!". Wir verschlafen alle Steinattacken, falls es überhaupt welche gegeben hat, und wachen erst bei den Passkontrollen wieder auf. Der Busfahrer geht allein mit allen Pässen zu den beiden Grenzbehörden und kommt kurze Zeit später mit Aus- und Einreisestempeln im Pass zurück. Ob irgendjemand der Reisenden den Passbildern ähnlich sieht, ist diesen Zöllnern anscheinend nicht so wichtig. Wir wundern uns ein wenig und machen es uns bis zu unserer Ankunft noch mal bequem.

15. Uruguay – Ralf:

Montevideo, Uruguay. Wir sind mal wieder in einem neuen Land, das bedeutet: Wir müssen uns auf eine andere Kultur, eine andere Sprache und eine andere Währung einstellen. Schöne kleine Herausforderungen, die das Reisen so mit sich bringt. Es ist Samstagmorgen, die Stadt schläft noch. Wenigstens die Touristeninfo hat bereits geöffnet. Wir erhalten einen prima Stadtplan und ein paar Unterkunftstipps. Der Geldautomat spuckt genügend Pesos aus, nun können wir auf Bettensuche gehen. Schon bald haben wir eine brauchbare Herberge gefunden, in die wir direkt einziehen können. Im Supermercado staunen wir über die riesige Auswahl an Delikatessen, die Urus scheinen echte Feinschmecker zu sein. Besonders Freunde von hochwertigem Fleisch kommen hier voll auf ihre Kosten, denn selbst Reisgerichte, Tortillas, Sandwichs und Salate sind reichlich mit Wurst und Schinken gespickt. Wir erwerben ein paar Leckereien für ein kleines Picknick und schlendern dann die Uferpromenade bis zum Hafenviertel entlang. Hier riecht es nach Seeluft und vor allem nach Arbeit. Hunderte von Containern warten auf ihre Verschiffung, es herrscht die faszinierende Atmosphäre von Internationalität und Fernweh: Dockarbeiter, Fischer, Seeleute, Ticketverkäufer für Schiffsreisen und piekfein gekleidete Geschäftsleute füllen die Gassen und Kneipen. Eher zufällig stolpern wir in den Mercado del Puerto, eine Markthalle aus dem 19. Jahrhundert, deren Alter wir mühelos richtig einschätzen. Diverse Lokale mit riesigen Grills über offenem Feuer buhlen um die Kunden. Das Essensangebot ist in allen Restaurants gleich und vergrault jeden Vegetarier, denn hier werden nur Würste und Fleisch in allen erdenklichen Variationen angeboten. Die Angestellten hinter dem Tresen sehen mit ihren fett- und Blut besprizten Schürzen eher wie Schlachtermeister denn wie Kellner aus. Dieses kulinarische Kuriosum wollen wir uns mal näher anschauen. Wir hocken uns auf die nächsten Barhocker und bestellen Rotwein. Der Unterhaltungswert ist hoch: Die Grillmeister preisen lautstark ihre Delikatessen an und zur Mittagszeit sind alle Lokale gut besucht. Enorme Portionen gegrillten Fleisches werden zum Rotwein an den rustikalen Holztischen oder direkt am Tresen verzehrt. Feierwütige Cliquen, aber auch große Gesellschaften veranstalten regelrechte Fress-Partys. Bier- und Weinflaschen kreisen in erstaunlichem Tempo und der herbe

Duft von Rauch und Alkohol wabert durch die Markthalle. Gitarrenspieler sorgen für musikalische Untermalung, einzelne Gäste geben Kostproben ihrer Sangeskunst zum Besten und parallel zur Lautstärke steigt auch die Stimmung immer weiter an. Die Urus sind zweifellos Meister darin, ihre Lebenslust am Mittagstisch zügellos auszuleben. Dieses amüsante Erlebnis gesellt sich natürlich zu den Erinnerungen der Kategorie „Andere Länder – Andere Sitten". Es ist Mitte Februar, und an manchen Ecken dieser Welt bestimmen die Jecken nun die Fünfte Jahreszeit, den Karneval. Die Einwohner Uruguays, die im nicht unerheblichen Maße von Einwanderern aus Spanien, Italien und Deutschland abstammen, können dem Fasching offensichtlich nichts abgewinnen. Der Straßenkarneval, der sich im Nachbarland Brasilien größter Beliebtheit erfreut, findet hier gar nicht erst statt. Dafür ist ein Montevideo-Besuch besonders für Nostalgiker lohnenswert. Wenn man aufmerksam durch die Straßen geht, entdeckt man viele alte Schätzchen. Wegen hoher Einfuhrzölle rattern noch zahllose museumsreife Autos durch die Avenidas und an historischen Kolonialbauten vorbei. Die riesigen Trödelmärkte bieten unzählige Raritäten aus längst vergangenen Zeiten, hier ist das Stöbern wirklich noch interessant. Max Schmeling, die deutsche Boxlegende der Dreißiger Jahre wirbt unbeugsam an alten Häuserfassaden für Coca-Cola, wir fühlen uns um Jahrzehnte zurückversetzt. Das Nationalstadion Centenario, Schauplatz des WM-Endspiels von 1930 und heute noch Austragungsort der wichtigen Fußballspiele, ist bereits so baufällig, dass die obere Zuschauertribüne komplett abgetragen werden musste. Der Leiter des Fußballmuseums, vermutlich ebenso alt wie das Stadion, berichtet dennoch ausführlich und mit strahlenden Augen von der Zeit, als das kleine Land Uruguay die Fußballwelt beherrschte: zwei Olympiasiege und zwei Weltmeistertitel stehen in den Rekordbüchern, doch diese Erfolge liegen lange zurück.

Die wohl attraktivste Möglichkeit, von Montevideo nach Buenos Aires zu kommen, ist eine Schiffsreise über den Rio de la Plata. Zwei Stunden lang fahren wir nah an der uruguayischen Küste entlang und können prima die dünn besiedelte Landschaft studieren. Kurz vor Colonia del Sacramento ändert der Kapitän den Kurs Richtung Argentinien. Der Fluss ist unglaublich breit, eine viertel Stunde lang können wir keines der beiden Ufer erkennen. Bereits 1520 segelte der Entdecker Fernando Magellan in dieses gewaltige Mündungsbecken des Rio de la Plata, im Glauben er hätte eine Durchfahrt zum Pazifik entdeckt.

65 Seemeilen fuhren sie damals den Flusslauf entlang, bis sie tief enttäuscht ihren Irrtum bemerkten. Die wackeren Seefahrer mussten noch weitere 3.000 entbehrungsreiche Kilometer an unbekannten Küsten entlang segeln, um endlich Südamerika umrunden zu können. Doch Feuerland steht erst später auf unserem Besuchsprogramm, jetzt freuen wir uns auf Buenos Aires, dessen Umrisse langsam am Horizont auftauchen.

16. Südargentinien – Ralf:

Buenos Aires begrüßt uns mit hellblauem Himmel und strahlendem Sonnenschein. Ein zentrumsnahes Appartement haben wir im Internet vorgebucht, doch bevor wir dort aufkreuzen, müssen wir die nach dem Grenzübertritt übliche Routine erledigen: Der erste Weg führt uns also zum Geldautomaten. Nachdem wir finanziell aufgerüstet haben, gönnen wir uns eine Taxifahrt durch das Gewirr der Einbahnstraßen. Im Appartement werden wir bereits von der Vermieterin und dem Makler erwartet. Nach einer kurzen Zimmerkontrolle sind wir uns einig, zahlen die Miete und haben nun eine gemütliche Unterkunft mit Balkon für die komplette nächste Woche. Beim ersten Streifzug durch die Stadt machen wir uns erst mal mit der Gegend vertraut, besorgen uns einen Stadtplan in der Touristeninformation und ein paar Lebensmittel im Supermercado. Schnell stellt sich heraus, dass unser Quartier so zentral liegt, dass wir viele interessante Ecken in Buenos Aires zu Fuß erreichen können. Abends gehen wir ins Güerrin, das sich als Pizza-Restaurant einen Namen gemacht hat. Bauarbeiter in Arbeitskluft stehen hier mit adretten Geschäftsleuten am Tresen, diskutieren lautstark, trinken Kaffee oder Wein und vertilgen ein Stück Pizza aus der Hand. Spätestens, seit Nationalheld Diego Maradona hier seine Hochzeitsfeier zelebriert hat, gilt das Güerrin als Institution. Den nächsten Tag verbringen wir im Stadtzentrum. Wir bummeln zur Plaza de Mayo, wo wir uns eine Parkbank unter einem Schatten spendenden Jacaranda-Baum suchen. Von hier aus haben wir einige Sehenswürdigkeiten direkt im Blick: Die Kathedrale etwa, die von Soldaten in merkwürdigen Uniformen bewacht wird. Oder den Präsidentenpalast, der wegen seines rosa Anstrichs im Volksmund „Casa Rosada" heißt. Einen traurigen Hintergrund hat der „Marsch der Mütter", die jeden Donnerstag an das Verschwinden ihrer Söhne während der Militär-Diktatur der 70er Jahre erinnern. Geschichtsträchtig ist das Museo de la Revolution de Mayo, in dessen Gemäuern die Unabhängigkeit von der spanischen Kolonialmacht vorbereitet wurde. Auf dem Weg nach Hause entdecken wir ein großes Plakat, welches den morgigen Auftritt von Deep Purple ankündigt. Die Altrocker befinden sich also ebenso wie wir auf einer Welttournee. Diese kleine Parallele nehmen wir als Argument für den Erwerb zweier Tickets. Den Abend verbringen wir mit ein paar kleinen Häppchen auf unserem Balkon im fünften Stock. Zur Unterhaltung beobachten wir das lebhafte Treiben in der Straße unter uns, was zweifellos ein authentisches Stück Buenos Aires darstellt.

Das Deep Purple-Konzert soll um 21.00 Uhr beginnen, merkwürdig früh für argentinische Verhältnisse. Um halb neun ist die Halle schon gut gefüllt, das Durchschnittsalter der Besucher liegt bei etwa 30 Jahren und die Stimmung ist prächtig. Kaum haben wir uns Stehplätze mit gutem Blick auf die Bühne gesichert, geht das Licht aus, der Bühnenvorhang auf und die ersten Akkorde von „Highway Star" dröhnen durch die Arena. Die Menge tobt. Ein Meilenstein der Rockgeschichte jagt den nächsten, doch der Konzert-Höhepunkt ist ein uns völlig unbekanntes Lied mit einer merkwürdigen Melodie. Das Publikum gerät völlig aus dem Häuschen und singt mit einer derartigen Inbrunst mit, dass uns ein Schauer über den Rücken läuft. Plötzlich dämmert's uns: Deep Purple intonieren doch tatsächlich einen Tango-Klassiker!

Im Stadtteil Recoleta entdecken wir einen Friedhof, der fast eine kleine Stadt darstellt. Prächtige Mausoleen in allen erdenklichen Architekturstilen dienen als letzte Ruhestätte für hoch angesehene Persönlichkeiten aus Politik und Wirtschaft, Sport und Musik. Alleen durchziehen das stilvoll bepflanzte und weiträumige Gelände innerhalb der Friedhofsmauern. Dem Besucherstrom nach zu urteilen, ist hier eine Art Gräber-Tourismus modern.

Nur wenige Meter entfernt findet ein sehenswerter Kunsthandwerkermarkt statt. Fantasievolle Schmuckgegenstände, elegante Lederwaren und natürlich

Mate-Becher mit aufwändigen Verzierungen werden hier angeboten. Straßenartisten beweisen, dass man sich mit monatelangem Training besondere Fähigkeiten aneignen kann. Doch auch die Schattenseiten dieses bunten Treibens sind nicht zu verleugnen. So beobachten wir ein junges Pärchen, welches aufgeregt mit den Streife laufenden Polizisten diskutiert, denn die Kreditkarte wurde gerade gestohlen. Wir dagegen können sorglos durch die engen Gassen bummeln, denn wir haben unsere Wertgegenstände Diebstahl sicher verstaut.

Um die Avenida 9 de Julio bei grün überqueren zu können, müssten wir sprinten – sie ist mit 130 Metern die breiteste der Welt. Doch wir verweilen lieber auf der Fußgängerinsel; von hier aus haben wir einen erstklassigen Blick auf die Plaza de la Republica mit ihrem 67 Meter hohen Obelisken.

Der Charme des Stadtviertels San Telmo liegt nicht zuletzt an den malerischen Gassen, sehenswerten Antiquitätengeschäften, schicken Kunstgalerien und netten Cafés. Ganz besonders aber an den Tangoklängen, die an mancher Straßenecke live vorgetragen werden. Wir sind heute gut zu Fuß und wandern weiter zum lebhaften Hafenviertel La Boca. Das Straßenbild ändert sich nun schlagartig. Heruntergekommene Häuser beherbergen die weniger begüterten Menschen von Buenos Aires. Unser Reisehandbuch schreibt vom ärmsten Viertel der Stadt und von der hohen Kriminalität in der Gegend. Ein wenig mulmig ist uns schon zumute, doch wir gehen zielstrebig drauflos und erreichen bald darauf Caminito, die kleine Fußgängerzone, wo Touristen Busweise entladen werden und Polizisten Präsenz zeigen.

Ein herrlicher Kontrast zur schmutzig grauen Gegend sind die knallbunten Wellblech- und Holzhäuser der Hafenarbeiter. Architektonisch zwar sehr schlicht gehalten, sind die Häuser zweifellos ein sehenswerter Farbtupfer. Nicht weit von hier steht die „Bombonera", das Stadion der Boca Juniors. Die Vereinsfarben blau und gelb dominieren hier jedes Haus, jedes Geschäft, jede Kneipe. Fangesänge dröhnen aus den auf der Straße aufgestellten Lautsprecherboxen. Diego Armando Maradona, der den Aufstieg aus dem Armenviertel zum Fußballmillionär geschafft hat, genießt hier gottgleiches Ansehen, sein Konterfei prangt von zahlreichen Häuserfassaden. Fußballfans aus Arbeitersiedlungen gehören ja bekanntlich zu den begeisterungsfähigsten Zuschauern, aber die Stehplatzbesucher von Boca unterstützen ihr Team mit einer wohl einmaligen Leidenschaft. Schade, dass wir uns kein Spiel anschauen können, aber eine Stadiontour und das interessante Fußballmuseum verschaffen mir einen Eindruck vom zeitlosen Boca-Enthusiasmus, während Susanne durch das Viertel streift.

Auf der anschließenden Suche nach einem Speiselokal gehen wir zum Hafen, wo Maradona-Doppelgänger herumspazieren und Kundenfänger versuchen, uns in Restaurants mit Tango-Show zu lotsen. Wir lassen die Touristenfallen aber links liegen und speisen lieber in einem einfachen, von Einheimischen besuchten Lokal. So können wir den Trubel aus der Distanz beobachten und trotzdem preiswert und lecker essen.

Es ist vielleicht schwer nachzuvollziehen, aber das permanente Weiterreisen kann auch anstrengend sein. So gönnen wir uns erst mal einen kleinen Strandurlaub in Miramar. Kristina und Manuel, unsere Gastgeber im Mara Hotel sind sehr nett und das Frühstück ist erfreulich abwechslungsreich. Statt der üblichen Medialunas (die argentinische Variante von französischen Croissants) gibt es dunkles Toastbrot, Butter, Käse, Schinken, Marmelade,

Obst, Kaffee und Tee in ausreichenden Mengen. Dermaßen gestärkt gehen wir an den schönen Strand, wo unsere Gastgeber ein Zelt und zwei Liegen für uns angemietet haben. Es ist Ende Februar, also Spätsommer hier auf der Südhalbkugel und die Sonne ist immer noch so stark, dass wir den Schatten im Zelt zu schätzen wissen. Ein kleiner Strandspaziergang, ein erfrischendes Bad im Atlantik, dann ein wunderbares Picknick mit Schinken, Salat, Empanadas und Wein – so schön kann Urlaub sein. Vom anhaltenden Hochgefühl beeinflusst, gehe ich noch mal plantschen und aale mich in der seichten Brandung. Plötzlich rollt eine große Welle über mich hinweg und spült meine Sonnenbrille in die Weiten des Ozeans hinaus. Man lernt ja täglich dazu, und dies war meine heutige Lektion: Unüberlegte Handlungen dezimieren unweigerlich das Reisegepäck.

Am nächsten Tag spricht uns Raul, der Strandzelt-Vermieter an. Er hat erfahren, dass wir aus Deutschland kommen, und will sich nun mit uns über Fußball unterhalten. Susanne hat keine Lust, und ich spreche nur unzureichend spanisch, also holt Raul seinen englisch sprechenden Schwiegersohn als Dolmetscher hinzu. Der arme Kerl muss zuerst mal unsere Einschätzungen der jeweiligen Nationalmannschaften übersetzen. Dann geht es um argentinische Clubs, und Raul ist nicht mehr zu halten. Sein Verein Chacarita Juniors steht kurz vor dem Aufstieg in die erste Liga. Raul hört gar nicht mehr auf zu schwärmen und präsentiert Vereinswimpel und Tabellen. Dermaßen in Fahrt, stimmt er den Schlachtruf von Chacarita an und fordert mich augenzwinkernd auf, mitzusingen. Also stehen wir auf der hölzernen Veranda vor seinem Büro und schmettern die Vereinshymne. Der Schwiegersohn verdrückt sich schnell, die Strandgäste halten uns vermutlich für bekloppt und wir haben Lachtränen in den Augen. Nach diesem fröhlichen Akt der Völkerverständigung gehe ich erst mal schwimmen, diesmal allerdings ohne Sonnenbrille. Als ich 20 Minuten später wieder auftauche, hat Susanne ein Geschenk von Raul in den Händen. Er ist extra mit seinem Moped in die Stadt gefahren, um ein Souvenir für uns zu besorgen. Es ist ein Matebecher mit dem Logo seiner Chacarita Juniors.

Nun müssen wir uns aber mal wieder mit unseren Reiseaktivitäten beschäftigen, in 3 - 4 Wochen wollen wir schließlich eine Schiffstour am Kap Hoorn unternehmen. Wir interessieren uns für eine Dreitagesreise auf einem Expeditionsschiff. Die Recherche im Internet ergibt, dass die Reederei unsere Wunschtour mit einem Sonderpreis bewirbt. Glück gehabt, das spart uns einige hundert Euro. Dann gehen wir in einen Telefonladen und sprechen sechs Minuten lang mit Geburtstagskind Gisela in Deutschland. Das macht 2,10 Pesos, umgerechnet nicht mal 50 Cent. Unglaublich!

In einem Reisebüro besorgen wir uns Bustickets für eine Nachtfahrt nach Puerto Madryn. Da es keinen Busbahnhof gibt, sollen wir uns einfach mit unserem Gepäck an die Straße stellen. So stehen wir ein wenig skeptisch in der Dunkelheit und warten ab, was passiert. Um kurz vor neun hält ein Reisebus vor unserer Nase, der Beifahrer spricht uns direkt mit unseren Vornamen an, hakt uns auf der Passagierliste ab, lädt das Gepäck ein und ab geht die Post. Zum perfekten Service gehören diesmal sogar Kissen und Decken, ein warmes Abendessen und eine Flasche Wein. 15 Stunden lang fahren wir durch die Pampa. Die Gegend ist kaum besiedelt, nur ab und zu taucht mal eine Farm, eine so genannte Estancia auf. Die vorbeihuschende Landschaft besteht aus eintönigem Kargland und sorgt bei uns für bleierne Müdigkeit, so dass wir unseren Zielort ausgeschlafen erreichen. In Puerto Madryn finden wir schnell eine Unterkunft mit Balkon und Meerblick, dann machen wir es uns am Strand gemütlich. Die Argentinier rücken allesamt mit Großfamilien an, Zelte und Sonnenschirme werden aufgebaut, Klappstühle aufgestellt, Thermoskannen und Matebecher ran geschafft. Die Kinder werden verhätschelt, Handys klingeln pausenlos und alle reden lautstark durcheinander. Sehr unterhaltsam. Den Abend lassen wir in einem Schiffsrumpf ausklingen, der nach erfolgtem Umbau als Fischlokal dient.

Der nächste Morgen beginnt mit einem ausgiebigen Frühstück, dann mieten wir uns Fahrräder, um eine 17 Kilometer entfernte, abgelegene Seehund-Kolonie zu besuchen. Die Straße dorthin verwandelt sich schnell in eine sandige Piste, mal ist der Untergrund etwas fester und holprig, mal weich und dementsprechend tief, so werden die vermeintlich kurzen 17 Kilometer zu einer echten Herausforderung. Von Radfahren kann kaum noch die Rede sein, wir kommen nur im Schneckentempo voran. Ab und zu überholen uns Allradfahrzeuge, die uns mit einer zusätzlichen Staubschicht panieren. Der böige Wind trägt auch nicht gerade zu unserer Erheiterung bei. Die Fahrt durch die Pampa wird lediglich durch die Nähe zum Meer und einem gestrandeten Wrack aufgewertet. Nass geschwitzt und staubbedeckt erreichen wir endlich den Naturschutzpark, wo wir selbstverständlich wieder den deutlich höheren Ausländertarif für die Tickets zahlen dürfen. Von einer Aussichtsplattform beobachten wir dann, wie sich die Seelöwen träge am Strand aalen, im Vergleich zu unserer Radtour zweifelsfrei die erholsamere Art der Freizeitbeschäftigung.

Da wir vom Staub im wahrsten Sinne des Wortes die Nase voll haben, wird der nächste Tag am Strand verbracht. Ich miete mir ein Kajak und paddele aufs Meer hinaus. Während ich dort draußen ein paar neugierige Robben bei der Futtersuche treffe, sorgt der auffrischende Wind für stärkeren Seegang. Den Robben macht das nichts aus, aber ich habe das zweifelhafte Vergnügen einer anstrengenden und schaukeligen Rückfahrt zum Strand.

Ein „tierisches" Highlight erwartet uns in Punta Tombo, wo die größte Pinguinkolonie Südamerikas beheimatet ist. Wir werden mit einem Minibus von unserem Hotel abgeholt, die Reisegruppe ist diesmal klein, nur sieben Personen. Wir machen uns gegenseitig bekannt und stellen fest, dass alle Passagiere englisch sprechen, spanisch hingegen kaum verstehen. Die Reiseführerin, die ebenfalls englisch spricht, hält ihre Vorträge dennoch in Spanisch, weil bei der Buchung niemand extra für die englische Führung bezahlt hat. Sehr kurios, aber eine konsequente Haltung, was der guten Stimmung im Bus jedoch keinen Abbruch tut. Im Nationalpark befinden sich etwa 200.000 Magellan-Pinguine. Die drolligen Burschen vertrödeln ihre Zeit in Erdloch-Nestern oder watscheln gemütlich zum Strand, einem erfrischenden Bad nicht abgeneigt. An Land wirken sie ein wenig unbeholfen, doch in der Brandung fühlen sie sich sichtlich wohl und glänzen beim Bodysurfen. Es ist faszinierend, die Pinguine aus nächster Nähe beobachten zu können. Ich versuche mich mit ihnen zu unterhalten, indem ich den Kopf langsam nach links und rechts neige. Und tatsächlich antworten die Pinguine mit den gleichen Kopfbewegungen. Herrlich. Was sie uns mitteilen wollen, bleibt allerdings ungeklärt. Es ist ein tolles Erlebnis, zwischen all diesen Pinguinen, die hier friedlich zusammen mit Guanakos leben, herumzuspazieren. Es ist jetzt Mitte März und schon bald nach unserem Besuch werden alle Pinguine, egal ob jung, alt oder krank, in wärmere Gefilde schwimmen, denn diese Zeitgenossen lassen keinen zurück! Komplette vier Monate werden sie im Meer verbringen, um dann zu ihren Nestern zurückkehren. Bevor wir zu „unserem" Nest – also nach Deutschland – zurückkehren, haben wir noch einiges vor, zunächst wollen wir mit dem Bus nach Südpatagonien weiterreisen. Die Wartezeit bis zur Abfahrt verbringen wir im „Touring Club", einer riesigen Café-Bar im Stile der Zwanziger Jahre. Das komplette Gebäude ist liebevoll dekoriert und im Grunde ein zeitgeschichtliches Museum der walisischen Pioniere.

Wir reisen weiter durch die unendliche Weite der Pampa und freuen uns über vereinzelt auftauchende Schafe, Rinder und Pferde, die der kargen Einöde etwas Leben verleihen. Das nächste Etappenziel ist Rio Gallegos, wo wir von kühlen Temperaturen, böigen Winden und heftigem Regen empfangen werden, nichts Ungewöhnliches also für diese Gegend. Wir erinnern uns an den auf Tatsachen beruhenden Film „Butch Cassidy and Sundance Kid", in dem die Banditen vor etwa 100 Jahren eine Bank in Rio Gallegos gesprengt haben. Die Stadtväter haben den plötzlichen Bekanntheitsgrad allerdings nicht zum Anlass genommen, ein wenig in die Infrastruktur zu investieren, seit dem Überfall hat sich hier anscheinend nicht viel verändert. Wir übernachten in einem kleinen, zugigen Guesthouse, dessen Charme im Vorhandensein wackliger Tische, dünner Wände, lauter Nachbarn und herzlicher Gastgeber begründet ist. Ohne Wehmut nehmen wir den nächsten Bus raus aus der Stadt. Wir nähern uns El Calafate, und die Gegend wird hügeliger. Wenn wir uns auf die vorbeihuschende Landschaft konzentrieren, entdecken wir Flamingos, Emus und Guanakos. El Calafate ist ein nettes Örtchen, direkt am Lago Argentino gelegen. Wir unternehmen eine schöne Wanderung am Ufer entlang und entdecken in einer weitläufigen Lagune unzählige Flamingos, Enten und Schwarzkopfschwäne. Die Hauptattraktion dieser Gegend ist allerdings der 80 Kilometer entfernte Perito Moreno-Gletscher. Zahllose Agenturen bieten

Reisen dorthin an, doch wir buchen die Tour direkt beim Veranstalter und sparen so die Vermittlungsprovision. Tags drauf starten wir voller Vorfreude zu einem unvergesslichen Erlebnis. Schon der Bustrip am Lago Argentino entlang ist sehr schön. Die aufgehende Sonne taucht die umliegenden Berge in leuchtende Farben. Die Fahrt endet an einem Bootssteg, wo bereits ein Schiff auf uns wartet. An treibenden Eisschollen vorbei nähern wir uns der mächtigen Abbruchkante des Perito Moreno-Gletschers. So nah, wie es die Sicherheitsvorschriften erlauben, manövriert uns der Käpt'n an der 60 Meter hohen und fünf Kilometer breiten Eiswand vorbei. Der Gletscher wandert unglaubliche zwei Meter pro Tag und kalbt alle paar Minuten riesige Eisbrocken mit ohrenbetäubendem Knall in den Lago Argentino. Beim Anblick der herabstürzenden Eismassen und der daraus resultierenden Wellen fühlen wir uns plötzlich klein und schutzlos. Tief beeindruckt klettern wir an Land, wo wir von unseren Gletscherführern begrüßt werden. Es folgt eine kurze Einweisung, dann befestigen wir Steigeisen unter unseren Trekkingschuhen und machen Heiterkeit erregende Gehversuche. Wir watscheln umher wie die Pinguine von Punta Tombo. Nach ein paar Minuten kommen wir mit den „Klumpfüßen" besser klar und fühlen uns bereit für den Aufstieg. Nun erwandern wir die bizarre und milchigblau leuchtende Oberfläche des Perito Moreno. Da der Gletscher ständig in Bewegung ist, verändert sich auch seine Oberfläche permanent. Fast über Nacht entstehen neue Hügel, Täler und Risse, so dass unsere Führer täglich neue „Wanderwege" suchen müssen. Staunend entdecken wir glitzernde Eishöhlen, Bäche und abgrundtiefe Löcher. Wir schließen die Augen und konzentrieren uns auf die Geräusche des lebendigen Gletschers: Tief unter uns hören wir es stetig tröpfeln, knacken und krachen.

Es ist ein tolles, ein intensives, aber auch ein leicht unheimliches Gefühl, diese gewaltige Eisscholle unter uns zu spüren. Einmalig schön! Als Belohnung für unseren unfallfrei erfolgten Abstieg mit den Steigeisen bekommen wir einen Whisky auf Gletscher-Eis. Salud! Zum Wohl.

Mit diesen außergewöhnlichen Eindrücken im Gepäck ziehen wir weiter gen Süden, Puerto Natales in Chile ist unser Ziel. Die Bustour führt durch äußerst entlegene Gebiete, nur selten lockert eine Hazienda das Landschaftsbild auf. Wir befahren fast ausschließlich unbefestigte Pisten, was zur Folge hat, dass wir ordentlich durchgerüttelt werden. Da kommt uns die Pause an der Grenze sehr gelegen. Die argentinische Ausreiseprozedur beschränkt sich auf die Platzierung eines Stempels in den Reisepass. Die chilenischen Grenzbeamten hingegen nutzen das Auftauchen unserer Reisegruppe für eine Demonstration ihrer Dienstbeflissenheit. Nebenbei können sie so der Langeweile in dieser Abgeschiedenheit ein wenig entfliehen. Wir müssen alle Gepäckstücke aus dem Bus holen, damit sie komplett durchwühlt werden können. Besonders zeitaufwändig ist es, wenn die fantasievoll verknoteten Pakete der Latinos an der Reihe sind. Doch inzwischen haben wir uns eine gewisse Gelassenheit angeeignet, und nach einer Weile werden auch unsere Klamotten kontrolliert. Im Nu haben die Beamten die nach einem ausgeklügelten System gepackten Rucksäcke durcheinander gebracht. Wir suchen unsere Utensilien wieder zusammen, quetschen sie so gut es geht in die Rucksäcke und stapfen durch den einsetzenden Regen zurück zum Bus. Nach einer weiteren Rumpeltour erreichen wir Puerto Natales, wo sich der Himmel unheilvoll verdunkelt. Wir retten uns in die erstbeste Unterkunft und machen es uns gemütlich, während es draußen wie aus Kübeln schüttet. Am nächsten Tag zeigt sich Puerto Natales dann von seiner schönen Seite, die farbenfroh gestrichenen Holzhäuser leuchten in der Sonne und wir buchen einen Trip zum Torres del Paine-Nationalpark. Da wir nicht über das notwendige Camping-Equipment für eine mehrtägige Wanderung verfügen, entscheiden wir uns für einen Tagestrip, bevor wir den Abend in einem gemütlichen Restaurant ausklingen lassen.

Der Shuttlebus holt uns am frühen Morgen ab und bugsiert uns über die schon obligatorische Ruckelpiste zum Eingang des Nationalparks. Wir haben acht Stunden Zeit, bis uns der Bus wieder einsammelt. In dieser Zeit wollen wir die etwa zehn Kilometer und etlichen Höhenmeter zu den pinkfarbenen Torres (Granittürmen) und wieder zurück wandern. Bei strahlendem Sonnenschein marschieren wir mit Tagesrucksäcken los, und schon nach wenigen hundert Metern zieht uns die sehenswerte Landschaft in ihren Bann. Wir kommen an kristallklaren Bächen und grandiosen Felsformationen vorbei. Farbenfrohe Seen, Schmelzwasserprodukte der umliegenden Gletscher, leuchten tiefblau, türkis oder Pistazien farbig. Über wackelige Holzbrücken und verschlungene Pfade geht es immer weiter bergauf, wir passieren die Baumgrenze und kraxeln einen beschwerlichen Geröllhang hinauf. Jetzt erwischt uns der berüchtigte, blitzschnelle Wetterumschwung. Die Sonne verzieht sich, was einen kräftigen Temperatursturz zur Folge hat. Trotz des anstrengenden Anstiegs auf dem rutschigen Untergrund macht uns die Kälte zu schaffen, aber es kann nicht mehr weit sein. Hinter dem nächsten Hügel empfängt uns ein peitschender Wind, aber direkt vor unseren Füssen leuchtet ein türkisblauer See und in seinem Rücken strecken sich die drei pinkfarbenen Torres del Paine majestätisch in die Höhe. Das traumhafte Gebirgspanorama ist eine redliche Belohnung für die anspruchsvolle Bergwanderung. Wir genießen den Moment und die prächtige Aussicht, bis der unangenehme Wind uns wieder vertreibt.

Doch auch der Rückweg hat es in sich: wir rutschen und stolpern abwärts, bis wir endlich den befestigten Weg erreicht haben. Jetzt sehen wir die schroffe Bergwelt aus einer neuen Perspektive, es kommt uns vor, als würden wir einen anderen Weg gehen. Es ist jedoch derselbe Weg, denn nach gut sechs Stunden stehen wir wieder am Ausgangspunkt und warten auf unseren Shuttlebus, den letzten an diesem Tag. Beiläufig erfahren wir, dass unser Bus Motorprobleme hat und nicht auftauchen wird. Das sind keine guten Nachrichten, denn es ist bereits dunkel, unangenehm kalt und bis nach Puerto Natales sind es 130 km. Doch in dieser Abgeschiedenheit wird niemand zurückgelassen, ein Bus des Konkurrenzunternehmens übernimmt kurzerhand den Transfer. Um 22.00 Uhr sind wir dann ziemlich geschafft wieder zu Haus. Wir finden ein Restaurant, welches uns noch eine heiße Fischsuppe zum Aufwärmen kredenzt, dann fallen wir todmüde ins Bett.

Weiter geht die Reise Richtung Süden, die dreistündige Busfahrt nach Punta Arenas sitzen wir inzwischen auf einer Backe ab. Dann haben wir das ungemütliche Ende des amerikanischen Festlands erreicht, südlicher liegt nur noch die Inselgruppe Feuerland. Wir finden eine prima Unterkunft, deren besonderer Charme in der Zelebrierung des Frühstücks liegt. In einem Raum, der eher an eine Puppenstube erinnert, sorgen vier dralle Muttis für das Wohl der Gäste. Sie schwirren permanent hin und her, servieren Kaffee, Tee, Saft und verschiedene Sorten Brot, Käse und Schinken. Dazu gibt es Eier, Marmelade, Cornflakes und Joghurt, und zwar alles im Überfluss. Als wir pappsatt sind, werden noch dicke leckere Pfannkuchen serviert. Eins steht fest: Das Mittagessen sollten wir uns sparen, sonst sehen wir bald so aus wie die netten drallen Muttis. Zum Glück ist Punta Arenas groß genug für ausgiebige Verdauungsspaziergänge. Die Stadt war einmal das Zentrum des Wollexports und bis zur Öffnung des Panama-Kanals im Jahr 1914 eine wichtige Hafenstadt. Wir schlendern durch Alleen an Prachtpalästen der Wollbarone und farbenfrohen Holzhäusern vorbei. Diverse Parks laden zum Verweilen ein, doch der frostige Wind vertreibt uns bald wieder. Gegen die Kälte kauft sich Susanne an einem Marktstand einen molligen Schal aus Alpakawolle. Hier kostet er nur umgerechnet 3,50 €, also ein Drittel des Preises von Puerto Natales. Gut, dass sie dort den Tipp einer freundlichen Frau beherzigt hat und sich noch ein paar Tage gedulden konnte. Später besuchen wir den etwas heruntergekommenen Friedhof, dessen imposante Mausoleen vom früheren Reichtum der Gegend zeugen, dann geht es zum Aussichtspunkt hoch über der Stadt. Von hier aus haben wir einen prima Blick auf die Meerenge zwischen Patagonien und Feuerland, der geschichtsträchtigen Magellanstraße.

Bevor wir am nächsten Morgen mit dem Bus Richtung Ushuaia, der südlichsten Stadt Argentiniens rollen, gönnen wir uns noch ein üppiges Abschieds-

Frühstück bei den vier drallen Muttis. Dermaßen gestärkt, sind wir bereit für die Fährüberfahrt nach Feuerland. Der Wind bläst gewaltig, der Busfahrer fährt auf das schwankende Schiff und sucht sich einen Parkplatz direkt an der Bordwand. Allerdings so nah an der Bordwand, dass sich die Tür nicht mehr öffnen lasst. Inzwischen sind wir zugeparkt und das Schiff legt schaukelnd ab. So stehen wir immer noch schwankend im Bus und sehen, wie sich der Bug während der Fahrt heftig auf und ab bewegt. Endlich hat der Busfahrer die Tür einen Spalt aufgehebelt, so dass sich zumindest die schlanken Passagiere durch die Tür quetschen können. Gerade noch rechtzeitig, bevor sich unsere Gesichtsfarbe ins grünliche verfärbt, sind wir an der frischen Luft. Der Wind pustet gewaltig und die Gischt versorgt uns mit frischem Salzwasser. Wir müssen uns an der Reling festklammern, um nicht über Bord zu gehen. Plötzlich meinen wir einige schwarzweiß gestreifte Delfine zu sehen. Ob dieser seltsamen Farbgebung sind wir doch sehr verwundert, aber wir haben richtig geguckt, es sind die für die Magellanstraße typischen Commerson-Delfine, wie wir später erfahren. Nach dieser „tierischen" Überraschung quetschen wir uns wieder durch den Spalt der Bustür und fahren nach erfolgtem Anlegemanöver weiter. Zwei Stunden später sind wir in Argentinien, es ist mal wieder eine Stunde später als in Chile, aber diesmal haben wir es direkt bemerkt.

Feuerland bietet ungeahnte landschaftliche Reize, die Pampa wird hügeliger und bietet manch schönes Panorama bis zu unserer Ankunft in Ushuaia. Hier, am „Ende der Welt" ist es empfindlich kühl, und wir sind froh, nicht stundenlang eine Unterkunft suchen zu müssen, denn das haben wir bereits vorab im Internet erledigt. Nach einem ersten Streifzug durch die Stadt machen wir es uns zuhause gemütlich. Die Nacht ist kalt, der Morgen grau, doch als es etwas aufklart, entschließen wir uns, hoch zum Martial-Gletscher zu wandern. Wir ignorieren den Sessellift und erklimmen den Berg zu Fuß. Der Weg ist erstaunlich abwechslungsreich und unterwegs haben wir grandiose Ausblicke auf den Beagle-Kanal. Der Rückweg führt uns durch einen fast unberührten Urwald, mit Sümpfen, bemoosten Bäumen und munter plätschernden Bächen.

Als wir tags drauf am Hafen vorbeikommen, rutscht uns das Herz in die Hose: Die Hafenarbeiten streiken, um ihren Lohnforderungen Nachdruck zu verleihen. Sie haben Ölfässer angezündet und demonstrieren Tag und Nacht an der eiskalten Mole. Dabei wollen wir doch morgen mit dem Expeditionsschiff „Mare Australis" in See stechen, um Kap Hoorn zu umrunden. Ein Highlight unserer kompletten Reise gerät in Gefahr! Die Aufregung lässt uns am nächsten Morgen früh aufwachen, gespannt marschieren wir zum Hafen. Unser Schiff liegt vor Anker und die Demonstranten sind nicht mehr zu sehen. Der Lohnpoker scheint beendet zu sein. Glück gehabt! Wir werden die nächsten Tage tatsächlich auf der „Mare Australis" verbringen, im Kielwasser der großen Entdecker und Abenteurer wie Fernando Magellan und Sir Francis Drake. Im November 1520 entdeckte der portugiesische Seefahrer Magellan die Meerenge zwischen Patagonien und Feuerland für die Spanier. Ganze fünf Wochen irrte Magellan durch die Fjord-Landschaft, bis er endlich die Durchfahrt zum Pazifik geschafft hatte. Damit gelang ihm die erste Weltumsegelung und er bewies somit ganz nebenbei, dass die Erde doch keine Scheibe, sondern wirklich eine Kugel ist.

17. Kap Hoorn/Südchile – Susanne:

Wir legen abends in Ushuaia ab, erfreuen uns am feudalen Willkommensdinner und schlürfen noch ein paar Cocktails an der Bar, bevor wir uns zum Schlafen in unsere Kabine begeben. Bereits um 1.50 Uhr werden wir von lebhaftem Seegang geweckt. Es schaukelt ganz gewaltig, alle unbefestigten Gegenstände finden wir später unter den Betten wieder. Der Blick aus dem Fenster lässt keinen Zweifel mehr aufkommen: Wir sind auf dem Weg nach Kap Hoorn. Die Wellen krachen in unregelmäßigen Abständen wuchtig gegen die Bordwand, das Schiff wird hin und her gerissen. Mühsam schlafen wir wieder ein, doch die Nacht ist bereits um sechs Uhr zu Ende. Der Landgang nach Kap Hoorn steht auf dem Programm. Mit wetterfester Kleidung und Rettungswesten kämpfen wir uns an Deck, ahnen aber schon, dass das Übersetzen schwierig werden wird. Hier in der Drake-Passage herrschen atmosphärische Phänomene und das ungebremste Aufeinanderprallen von Pazifik und Atlantik macht die Heftigkeit des Wellengangs noch einzigartiger. Nach einer Weile der Navigation in der Nähe des Kaps bekommen wir schließlich die Gewissheit – ein Landgang ist bei dieser Wetterlage nicht möglich. Enttäuschte Gesichter dominieren das Oberdeck, aber der Anblick der hin und her taumelnden Passagiere, die mit ihren Rettungswesten wie „Michelin-Männchen" aussehen, sorgt schon bald wieder für fröhliche Stimmung bei uns. Der Kapitän navigiert uns als Entschädigung noch ein Stück in die Drake-Passage. Wir können mehr als deutlich die Naturgewalt spüren, wahrscheinlich ein dauerhafteres Erlebnis, als wenn wir bei ruhiger See angelandet wären. Beim Frühstück stellt sich dann heraus, wie viele Leute wirklich unter dem Geschaukel zu leiden haben, die Hälfte der Plätze bleibt leer. Während des folgenden Videovortrags erfahren wir, dass in den stürmischen Gewässern um Kap Hoorn mehr als 800 Schiffe und ca. 10.000 Seeleute ihr Grab in den Wellen gefunden haben. Als wollte Poseidon die Dramatik des Vortrags noch steigern, rutscht bei einer besonders heftigen Welle ein mit drei Personen besetztes Sofa quer durch den Saal! Spontanes Gelächter stammt nur noch von wenigen Leuten, alle anderen kämpfen mit ihrem Mageninhalt. Deren Laune bessert sich auch nicht, als bei der nächsten stürmischen Welle dekorative Navigationsgeräte aus der Frühzeit der Seefahrt mit lautem Geschepper zu Boden fallen. Auch mein Magen macht schlapp und ich verabschiede mich in die Kabine, immerhin acht Stunden heftigstem Seegang habe ich standgehalten.

Am Nachmittag sind wir endlich wieder in ruhigeren Gewässern angekommen. Wir machen einen Landgang auf historischem Gelände: Hier, in dieser unwirtlichen Gegend hatte Charles Darwin den ersten Kontakt mit den Ureinwohnern, die nur dürftig bekleidet als Nomaden und Jäger lebten. Nach der Ankunft der Weißen verbreiteten sich schnell eingeschleppte Krankheiten, von den ehemals fünf Urvölkern existieren nur noch zwei: Die Kawesqar und eine einzige (!) Yamana. Abends an der Bar treffen wir den Kapitän, der uns auf Nachfrage gesteht, dass wir das schlechteste Wetter der ganzen Saison erwischt haben. Als kleine Wiedergutmachung bleibt die folgende Nacht ruhig, was wir für einen erholsamen Schlaf nutzen. Nach dem Frühstück geht es direkt aufs Oberdeck. Es gibt tolle Lagunenlandschaft, Gletscher, Seelöwen, im Wasser treibende Eisbrocken und vieles mehr zu gucken. Nachmittags machen wir mit Zodiacs genannten Gummibooten einen schönen Ausflug durch die Fjorde und bestaunen zwei große, vor uns aufragende Gletscher. Anschließend wird das notwendige Aufwärmen durch Glühwein unterstützt. Bei dem feudalen Abschiedsdinner kommen wir erstmals in den Genuss, Centolla, die Königskrabbe zu kosten, weitere leckere Gänge schließen sich an. Der Kapitän hält, wie wir es aus deutschen TV-Sendungen kennen, seine Abschiedsrede, dann wird der „Jack" verlost. Eine chilenische Passagierin hat dabei mehr Glück als wir und gewinnt die begehrte Bugflagge, doch es sei ihr gegönnt. Am nächsten Morgen wartet noch das letzte Highlight auf uns. Bei Sonnenaufgang machen wir einen Landgang auf eine Pinguininsel und können noch einmal tausende der drolligen Magellanpinguine beobachten.

Nach dem Frühstück heißt es dann Sachen packen und am Zielhafen Punta Arenas in Chile: „Alle Mann von Bord". Beim Aussteigen erhalten wir unsere Reisepässe zurück und staunen über den auffälligen Kap-Hoorn-Stempel. Mit diesen nachhaltigen Eindrücken im Gepäck checken wir noch einmal bei den vier drallen Muttis ein, bevor wir uns nordwärts orientieren.

Das wunderbare Frühstück im Magen, machen wir uns auf nach Osorno. Die nächsten 30 Stunden verbringen wir im Coche Cama Bus, also schön bequem in Liegesesseln. Kurioserweise führt diese chilenische Inlandfahrt fast ausschließlich durch Argentinien, da es in Südchile keinen Landweg gibt. Natürlich kommen wir auch wieder durch Rio Gallegos, wir erinnern uns an die Stadt mit dem Banküberfall. Hier bewirft uns ein übermütiger Passant mit einem Stein, was zur Folge hat, dass eine Fensterscheibe in tausend Teile zersplittert. Steine auf Busse zu werfen scheint in dieser Gegend populär zu sein. Das Bordpersonal ist jedenfalls vorbereitet, bandagiert das gebrochene Glas mit einigen Rollen Klebeband und erstattet Anzeige in der lokalen Polizeistation. Dann geht es weiter. Draußen rauscht stundenlang die raue Pampa an uns vorbei: faszinierend schön und eintönig zugleich. Nach der Behebung einer zusätzlichen kleinen Panne nähern wir uns dem chilenischen Seengebiet. Die Landschaft verändert sich unübersehbar. Die zwölf großen Seen werden von grüner Vegetation und Wäldern gesäumt, und stets rundet ein schneebedeckter Vulkan das Panorama ab. In Osorno ist es spürbar wärmer als in Feuerland, und das Straßenbild wird von vielen Indios bestimmt. Noch 20.000 der legendären Mapuche-Indianer leben in dieser Gegend. Der Stamm der Mapuche ist der einzige, der sich sowohl gegen die Inkas als auch gegen die Spanier erfolgreich wehren konnte. Wir verbringen etwas Zeit mit der weiteren Reiseplanung, amüsieren uns in einem interaktiven Museum und klettern auf einen Hügel, von dem wir einen prima Blick auf die umliegenden Vulkane haben. Das Restaurant unserer Wahl bietet auch deutsche Spezialitäten an, ein Beleg für die Einwanderung vieler Deutscher während des 19. Jahrhunderts. Die letzten Wochen haben wir ziemlich rastlos verbracht, also ist es mal wieder Zeit für einen kleinen „Urlaub während der Reise". In Villarrica, einem Ferienort im Seengebiet, wollen wir ein paar ruhige Tage verbringen. Das Wetter ist herrlich, die Touristeninfo hat wegen Karfreitag geschlossen, also laufe ich los, um eine Unterkunft zu finden. Ralf bleibt mit dem kompletten Gepäck an einer Straßenecke zurück. Nach kurzer Suche finde ich zwar ein kleines Zimmer mit Terrasse und Blick auf den See, bin aber noch nicht 100%ig überzeugt. Da spricht mich eine Chilenin an und fährt mit mir durch die halbe Stadt. Sie bietet mir ihr eigenes Haus zum Mieten an, allerdings liegt es zu weit vom Seeufer entfernt. Als ich ihr klarmache, dass ich am See wohnen will, hat sie plötzlich Schlüssel für eine Holzhütte zur Hand. Wir fahren wieder durch die halbe Stadt und inspizieren die Hütte, die direkt am Seeufer mit herrlicher Aussicht auf die Vulkane liegt. Sie ist nett und preiswert, also sind wir uns schnell einig. Nach etwa einer Stunde fahren wir los, um Ralf einzusammeln. Er hatte sich in der Zwischenzeit mit zwei Chilenen und deren Biervorräten angefreundet, und guckt etwas erstaunt, als ich im Auto vorfahre.

Die nächsten Tage sind recht erholsam, wir gehen spazieren, fahren Ruderboot, lesen ein Buch oder faulenzen einfach nur. In preiswerten, von Indios geführten Restaurants gehen wir lecker Essen. Dann heißt es langsam Abschied nehmen von Chile. Wir gönnen uns einen letzten Pisco Sour und ein paar Empanadas, dann steigen wir in den Nachtbus nach Santiago. Bei der Passkontrolle am Flughafen ernten wir erstaunte Blicke wegen unserer Kap Hoorn-Stempel. Die hatten auch die fleißigen Grenzbeamten noch nicht gesehen. Adios, Chile! Es waren schöne Wochen in diesem längsten Land der Welt.

18. Ecuador – Ralf:

Wir sitzen im eng bestuhlten und stickigen Flieger Richtung Quito, der Hauptstadt von Ecuador. Der Pilot gönnt uns drei Panorama-Warteschleifen über der in der Abenddämmerung liegenden Stadt, dann bekommen wir endlich die Landeerlaubnis. Inklusive der Busfahrt von Villarrica nach Santiago sind wir bereits seit 30 Stunden unterwegs und ziemlich gerädert. Jetzt sind wir froh, dass wir unsere nächste Bleibe inklusive Abholung vom Airport vorab im Internet gebucht haben. Die Einreiseprozedur geht diesmal flott, auch unser Chauffeur erwartet uns schon mit einem hochgereckten „Señorita-Susana-Pappschild". Die Unterkunft ist prima, zu unserer Freude gehört eine kleine Holzterrasse mit Hängematte dazu. Da der US-Dollar offizielles Zahlungsmittel in Ecuador ist, müssen wir diesmal nicht direkt zum Geldautomaten. Wir verbrauchen zuerst mal die Notfallreserve, die wir seit zehn Monaten mit uns herumschleppen. Im Supermercado besorgen wir uns noch schnell Getränke und Snacks für ein kleines Nachtmahl, dann fallen wir hundemüde ins Bett. Geweckt werden wir von vielstimmigem Vogelgezwitscher. Vom Frühstückstisch aus können wir sogar die Flugkünste der filigranen Kolibris bestaunen.

Quito liegt 2.800 Meter über dem Meeresspiegel und ist damit die zweithöchste Hauptstadt der Welt. Hier ist die Luft schon beachtlich dünn und bemerkenswert schmutzig, was vermutlich an den schwarzen Abgaswolken der zahllosen knatternden Stadtbusse liegt. Das morgendliche Joggen ist jedenfalls spürbar anstrengender als im Flachland. Wenn der Smog mal wieder überhand nimmt, sind die gepflegten Parkanlagen beliebte Zufluchtsorte. Beim Spaziergang durch die Altstadt mit ihren verwinkelte Gassen und prächtigen Kolonialgebäuden vermuten wir hochrangigen Staatsbesuch in der Stadt, denn an jeder Ecke stehen private Sicherheitskräfte, Polizisten oder Soldaten. Aber von wegen Staatsbesuch, die bewaffneten Uniformierten gehören ebenso zum Stadtbild von Quito wie der Platz der Unabhängigkeit oder die Kathedrale. Die Präsenz der Schutztruppen soll vermutlich Sicherheit suggerieren, bei uns macht sich allerdings eher ein Gefühl leichter Beklommenheit breit. Umso wichtiger ist es, den Überblick in dem Trubel zu behalten, was uns wegen der geringen Körpergröße der Indios leicht gelingt. Den meisten Leuten können wir locker über den Kopf gucken. Mit dem Linienbus machen wir einen Tagesausflug nach Otavalo zum bedeutendsten Indiomarkt Südamerikas. Die stolzen Otavalo-Indianer sind bekannt für ihre Webkunst, ihre traditionelle Kleidung und ihre Geschäftstüchtigkeit. Die Frauen tragen lange Röcke und bunte Blusen, die Männer blaue Ponchos und weiße Hosen. Die aus Kaktusholz und Lederriemen gefertigten Sandalen, wettergegerbte Gesichter und lange Haarzöpfe unter schwarzen Hüten runden das Erscheinungsbild der „Bilderbuch-Indios" ab. Der farbenfrohe Markt bietet eine bemerkenswerte Warenvielfalt:

An prallgefüllten Obstständen werden exotische Früchte angeboten, barfüßige Lastenträger schleppen riesige Wollbündel durch die Gegend und talentierte Marktschreier preisen Transport bereite Schweine an. Hier herrscht Gedrängel und das organisierte Chaos. Einige Schlawiner machen sich das Gewühl zunutze und erleichtern sorglose Touristen um ihr Taschengeld. Damit uns die „flinken Hände unterm Poncho" nicht ebenfalls ärgern können, haben wir unsere Wertsachen Diebstahl sicher verstaut. So genießen wir das Tohuwabohu und lassen uns in der Menge treiben. Es gibt viel zu gucken und zu schmunzeln, z.B. die Vermischung traditioneller Werte mit den Errungenschaften der Moderne. Es sieht einfach zu komisch aus, wenn ein runzeliges Mütterchen in Stammestracht plötzlich das neueste Handy hervorholt. Doch so unterhaltsam und sehenswert der Markt auch ist, er kann nicht darüber hinwegtäuschen, dass hier viele Menschen in bitterer Armut leben. Zu stolz zum betteln, freuen sie sich dennoch mit leuchtenden Augen, wenn wir etwas Obst oder Süßigkeiten mit ihnen teilen.

Unser nächstes Ziel ist Baños, die Stadt der heißen Schwefelquellen. Die dreistündige Busfahrt von Quito aus ist berühmt für schöne Ausblicke auf die Berge und berüchtigt für regelmäßige Diebstähle. Wir nehmen die Warnungen ernst und lassen unser Gepäck nicht aus den Augen. Der Australier auf dem Sitz hinter uns macht hingegen erst mal ein Nickerchen. Im Bus herrscht eine ziemliche Unruhe, einige Passagiere wechseln ständig ihre Plätze, an jeder Haltestelle steigen fliegende Händler ein und bieten lautstark Cola, Süßigkeiten und Eiscreme an. Der Australier verschläft das Gebirgspanorama, die Händler mit ihren Bauchläden und den Moment, in dem er bestohlen wird.

In Baños finden wir eine nette Bleibe mit Balkon und einem üppigen Garten, wo uns farbenfrohe Vögel mit lebhaftem Gezwitscher erfreuen. Die anschließende Erkundungstour durch den gemütlichen Ort führt uns an zwei kleinen Parks und einer schönen Basilika vorbei, außerdem erleben wir einen Festumzug diverser Schulklassen. Laute Musik dröhnt aus den geschmückten Begleitfahrzeugen und fantasievoll kostümierte Tanz- und Fußgruppen konkurrieren um Anerkennung. Doch die Ecuadorianer sind recht introvertiert, Gefühlsregungen wie etwa Applaus oder gar fröhliche Gesichter können wir nicht entdecken.

Bekannt geworden ist Baños durch die sechs Thermalbäder, die schon die Inkas zur Entspannung nutzten. Auch unsere Herberge verfügt über ein Dampfbad, und so setzen wir uns in die etwas eigenartigen hölzernen „Schwitzkisten". Das ist wirklich schweißtreibend, tut aber gut. Abends erleben wir dann einen Präsidentschaftswahlkampf der besonderen Art: Musikkapellen, Fahnen schwenkende Fußgruppen, Autokorsos und Tanzgruppen in traditionellen Trachten werben fröhlich für „ihren" Kandidaten und bringen den Verkehr völlig zum Erliegen. Das, was hier als politischer Wahlkampf abläuft, würden wir bei uns zuhause als Straßenkarneval bezeichnen.

Der Ort liegt eingebettet zwischen steilen Bergen, was ihn auch zu einem Ausgangspunkt für Klettertouren und anspruchsvolle Wanderungen macht. Die Besteigung des nur acht Kilometer entfernten Vulkans Tungurahua ist jedoch nicht gestattet, was angesichts des letzten großen Ausbruchs in 2006 eine vertretbare Sicherheitsmaßnahme darstellt. Wir entscheiden uns für einen fünfstündigen Rundwanderweg, der mit schönen Aussichtspunkten gespickt ist.

Es geht enorm steil bergauf, auf 300 gelaufene Meter kommen gefühlte 100 Höhenmeter. Wir gewinnen also schnell an Höhe, erreichen bald die Statue der Heiligen Jungfrau und sehen Baños aus der Vogelperspektive. Weiter geht es über verschlungene Pfade am Rande einer tiefen Schlucht bergauf. An der gegenüberliegenden Bergflanke geht ein Bauer seiner anstrengenden Arbeit auf dem abschüssigen Feld nach. Vermutlich schwitzt er ebenso wie wir. Endlich haben wir die Hochebene erreicht, wo sich allerdings der Weg verzweigt und hilfreiche Wegmarkierungen fehlen. Optimistisch marschieren wir drauflos, um nach einer Weile festzustellen, dass weitere Weggabelungen vor uns auftauchen. So irren wir mal diesen Feldweg entlang, mal jenen. Hinter der nächsten Bergkuppe haben wir plötzlich einen herrlichen Ausblick auf den Vulkan Tungurahua. Hier machen wir erst mal eine Pause und genießen den Panoramablick. Richtig friedlich sieht er aus, doch unten im Tal ziert er Postkarten, auf denen er sich als Feuer speiender Berg entlarvt. Dann heißt es allerdings umkehren, denn dies kann unmöglich unser Rundwanderweg sein. Also gehen wir zurück zur ersten Abzweigung und nehmen den anderen Weg. Auch hier finden wir keine Wegmarkierung, die grobe Richtung müsste aber stimmen. Endlich kommen wir am nachts beleuchteten Bellavista-Kreuz vorbei und stoßen auf eine Straße, die sich in großen Bögen langsam ins Tal windet. Wir sind schon ziemlich platt vom Fährtensuchen, also stoppen wir entschlossen den einzigen Wagen, der in unsere Richtung fährt. Der freundliche Fahrer nimmt uns gerne mit ins Tal und erspart uns fünf weitere Wander-Kilometer. Als er erfährt, dass wir aus Deutschland kommen, schimpft er über die gestiegenen Lebensmittelpreise in Ecuador und vermutet, dass in Europa alles viel preiswerter ist. Wir bringen ihm schonend bei, dass es sich eher andersherum verhält und schwärmen noch ein wenig von seinem Land. Das macht ihn stolz und so verabschiedet er sich fröhlich, als er uns im Tal aussetzt. Bis Baños sind es immer noch ein paar Kilometer, aber wenigstens geht es nicht mehr bergauf. Für unser Abschiedsdinner suchen wir uns ein ruhiges einheimisches Lokal aus. Kaum haben wir unsere Bestellung aufgegeben, ist es mit der Ruhe auch schon vorbei: Auf der Straße geht der Präsidentschaftswahlkampf in die nächste Runde, diesmal präsentiert die „Liste 99" unüberhörbar ihren Kandidaten.
Am nächsten Morgen nehmen wir den Bus nach Riobamba. Wir fahren die Straße der Vulkane entlang und bekommen zwei Stunden lang mächtige

Bergriesen auf beiden Seiten des Tals zu sehen. In Riobamba läuft die Bettensuche nach bewährtem Muster ab: Susanne geht los und schaut sich ein paar Unterkünfte an, während ich auf unser komplettes Gepäck aufpasse. Die Erfahrung hat gezeigt, dass diese Art der Suche schneller zum Ziel führt und weniger anstrengend ist, als wenn wir beide mit Rucksäcken kreuz und quer durch die Stadt streifen und permanent von nervenden Vermittlern angesprochen werden. Nachdem wir die Zimmerschlüssel in der Hand haben, gehen wir los, um unsere Getränkevorräte zu erneuern. In der ganzen Stadt weisen Plakate darauf hin, dass am Sonntag endlich die Präsidentschaftswahl stattfindet, und dass es aus diesem Grund von Freitagmittag bis Montagmorgen keinen Alkohol zu kaufen gibt. Vermutlich soll gewährleistet werden, dass die Wahlhelfer nüchtern ihrem Job nachgehen. Oder ist es eine vorauseilende Deeskalationsmaßnahme, damit engagierte Bürger ihre Meinungsverschiedenheiten nicht zu impulsiv austragen? Wir wissen es nicht. Wir wissen nur, dass es für uns keinen Wein zu kaufen gibt, denn es ist Freitagnachmittag. Und tatsächlich haben Kneipen und Getränkeläden geschlossen. Wir spazieren weiter durch den Ort und entdecken trotz des Verbots einen hell erleuchteten Spirituosenladen. Mal schauen, ob wir hier unseren Bedarf decken können. Wir treten ein, inspizieren das Weinregal und stellen zwei Flaschen Rotwein auf den Verkaufstresen. Der Verkäufer ignoriert uns, solange noch ein Zigarettenkäufer im Laden ist. Kaum ist der Kunde durch die Tür, packt er die Flaschen in unauffällige Kartons und erklärt uns routiniert, falls wir wegen des Einkaufs angesprochen würden, sollen wir einfach behaupten, wir hätten Zigarren gekauft. Aha, so viel also zum Thema „Konsequente Umsetzung von Gesetzesvorgaben".

Nun wollen wir am Bahnhof Tickets kaufen, denn Riobamba ist Ausgangspunkt für die spektakuläre Bahnfahrt nach Alausi. Auf den Dächern der Eisenbahnwaggons sitzend, kann man das beeindruckende Andenpanorama, steile Anstiege, rasante Abfahrten und abgrundtiefe Schluchten genießen. Doch wir werden enttäuscht: Die Ticketverkäuferin erzählt, dass vor wenigen Wochen zwei Touristen vom Zugdach gefallen und dabei ums Leben gekommen sind. Seitdem ist das Mitfahren auf dem Dach verboten. Damit ist unser Interesse an dieser Tour erloschen, denn gerade das Reisen auf dem Dach hatte uns gereizt. Schade, schade. Also suchen wir uns andere Freizeitbeschäftigungen. Zuerst schauen wir uns den Samstagsmarkt an. Indios in ihren traditionellen Trachten kommen aus den umliegenden Dörfern und bieten ihre Waren feil. Der Markt ist gut besucht, doch wir vermissen geschäftiges Treiben und heiteres Stimmengewirr. Es laufen viele ausgemergelte Leute mit abgewetzten Klamotten umher, Armut und die fehlende Zukunftsperspektive sorgen für eine gedrückte Stimmung. Später informiert sich Susanne im Internet über Trekkingtouren zum Machu Picchu und ich gehe zum Fußball. Olmedo Riobamba spielt heute gegen Barcelona Guayaquil. Das Stadio Olimpico steht auf 2.800 m Höhe mit herrlichem Rundumblick auf diverse schneebedeckte 5.000er-Vulkane, allerdings ist es in einem maroden Zustand für eine Erstligaspielstätte. Farbe blättert von den Wänden, Gitterzäune sind verrostet, Unkraut sprießt auf den Wegen und die guten alten Steinstufenränge sind auch schon ziemlich bröckelig. Ich suche mir einen Platz zwischen den etwa 10.000 Zuschauern und wundere mich, dass sich die Anhänger beider Mannschaften übers ganze Stadion verteilen statt sich in Fankurven zu sammeln. Fliegende Händler bieten neben Fanartikel auch Salchipapas (die ecuadorianische Variante von Pommes mit Currywurst) sowie Radios und Ferngläser für den erstaunlich günstigen Preis von einem Dollar an. Ich fühle mich pudelwohl in diesem nostalgischen Umfeld, fernab von Chip-Eintrittskarten und VIP-Logen. Das Spiel beginnt. Zwei engagierte Trommler-Kapellen sorgen 90 Minuten lang für ausgelassene Stimmung. Je zwei Militärpolizisten stehen an den Eckfahnen zum Schutz der Eckballschützen bereit. Die Trainerbänke werden von weiteren vierzig Sicherheitskräften bewacht. Die Trommler trommeln ein Endlos-Potpourri mit vielen Rhythmuswechseln und die Fans beider Vereine stehen friedlich nebeneinander. Und der Ball rollt. Die Gastgeber aus Riobamba nutzen den Heimvorteil der dünnen Höhenluft, treffen fünf mal Pfosten und Latte und besiegen den atemlosen Favoriten hoch verdient durch ein Elfmetertor. Die Sicherheitskräfte verleben geruhsame Stunden, heute gibt es keinerlei Krawalle. Sonntag steht im Zeichen der Wahlen. Die Büros der angetretenen „Listen" sind mit Fahnen und Luftballons dekoriert. Vor dem Wahllokal patrouillieren bewaffnete Sicherheitskräfte und in den Straßen rund ums Wahllokal findet eine Art Volksfest statt, hier gönnen sich die Parteifreunde einen Imbiss an einem der vielen Essensstände. Es beginnt zu regnen und wir flüchten uns in ein einfaches Restaurant. Das leckere Vier-Gänge-Menü mit einem Glas Saft kostet preiswerte 2,50 Dollar. Dann heißt es ab nach Hause und Klamotten packen, morgen wollen wir nach Quito fahren. Mit unseren Rucksäcken schlendern wir zum Busbahnhof, wo uns das Chaos erwartet. Menschenmassen bevölkern die Wartehalle, angeblich fahren keine Busse mehr nach Quito. Susanne will sich dennoch in eine lange Warteschlange vor den Ticketschalter einreihen, als die Menge nach einer für uns unverständlichen Lautsprecherdurchsage nach draußen stürmt. Anscheinend sind jetzt doch Busse mit Fahrtziel Quito eingetroffen, denn die Leute drängen energisch zu den Fahrzeugen. Es herrscht ein Geschiebe und Gezerre, die Busse sind völlig überfüllt. Diesem Chaos gehen wir lieber aus dem Weg. Susanne kauft Tickets für den nächsten Bus (das geht plötzlich wieder), und so fahren wir eben eine Stunde später, dafür mit Sitzplatzgarantie. In Quito verstauen wir unser Gepäck im Kofferraum eines Taxis, steigen ein und fragen nach dem Fahrpreis zu unserer Herberge. Der Fahrer nennt einen unverschämten Mondpreis, also steigen wir direkt wieder aus und probieren es an der nächsten Straßenecke mit einem anderen Taxi. Volltreffer, dieser Fahrer ruft einen seriösen Preis auf, er ist zwei Drittel günstiger als sein Kollege. Als Touristen sind wir durchaus bereit, etwas mehr als die Einheimischen zu zahlen, allerdings lassen wir uns nicht gerne übers Ohr hauen.

Einen ebenso interessanten wie lehrreichen Tagesausflug machen wir nach „Mitad del Mundo", zur Mitte der Welt. Wir nehmen den Linienbus und fahren für umgerechnet 40 Cent etwa eine Stunde lang in den Norden Quitos. Hier haben die Sonnensystem kundigen Inkas bereits vor 700 Jahren die Äquatorlinie bestimmt. Moderne GPS-Messungen haben ergeben, dass die Inka-Astronomen tatsächlich bis auf 150 Meter genau gerechnet hatten. Im Experimentiermuseum werden uns dann einige erstaunliche physikalische Phänomene demonstriert. Genau auf der Äquatorlinie wird ein mit Wasser gefüllter Behälter entleert, das Wasser fließt schnurstracks nach unten ab. Derselbe Behälter wird nur zwei Meter entfernt, und zwar auf der Nordhalbkugel aufgestellt und der Versuch wiederholt: Die Flüssigkeit läuft diesmal dank der Zentrifugalkraft der Erde in einem rechtsdrehenden Sog ab. Nächster Test, diesmal südlich des Äquators: Das Wasser fließt links herum. Ein russischer Tourist kann es nicht glauben und wiederholt den Versuch mehrfach. In gebrochenem Englisch gibt er uns zu verstehen, dass das ein Trick sein müsse. Wir lassen ihn in seinem Forschungseifer allein und widmen uns der nächsten Aufgabe. Ein rohes Ei soll hochkant auf einen Nagelkopf gestellt werden, was angeblich nur hier auf der Äquatorlinie zu lösen ist. Alle Besucher scheitern – nur Susanne nicht. Nach wenigen Sekunden steht das Ei auf dem Nagel und Susanne bekommt neben Beifall auch das begehrte „Eiermeister-Diplom" verliehen.

Die beliebteste Personenwaage der Welt steht ebenfalls in diesem Wissenschaftspark, und zwar aus gutem Grund: Nirgendwo auf der Erde zeigt die Waage weniger Gewicht an als auf dem Äquator, bei uns beiden macht die Differenz zum 50. Breitengrad erstaunliche 2,7 Kilogramm aus! Um den unerwarteten Gewichtsverlust auszugleichen, gehen wir direkt fein speisen: Das schmackhafte Vier-Gänge-Menü kostet umgerechnet überschaubare 1,50 Euro. Allerdings pro Person. Anschließend bringt uns der Linienbus wieder nach Hause. Ein spannender Tag mit ungeahnten Erkenntnissen neigt sich dem Ende zu.

Die letzten Tage in Quito verbringen wir mit Erkundungstouren durch die Altstadt und mit Vorbereitungen für das nächste Inselabenteuer.

19. Galapagos Inseln – Susanne:

Galapagos – Die Inselgruppe 1.000 Kilometer westlich von Ecuador ist vulkanischen Ursprungs. Aufgrund ihrer Entfernung zu anderen Landmassen zeichnen sich die Galapagos durch eine Vielzahl endemischer Tier- und Pflanzenarten aus. Der britische Naturforscher Charles Darwin besuchte die Inseln 1835 und seine Beobachtungen mündeten in der Aufsehen erregenden Evolutionstheorie.

Am Flughafen auf Baltra werden wir bereits von unserem Reiseführer José erwartet, seine üble Laune passt allerdings gar nicht zu den traumhaften Tropeninseln mit all den anderen unbeschwerten Leuten. Während wir uns mit Bus, Fähre und noch mal Bus unserer Unterkunft auf der Nachbarinsel Santa Cruz nähern, erzählt er von einem bevorstehenden Arzttermin, da er starke Schmerzen hat. Daher also sein mieser Gemütszustand. Heute Nachmittag ist eine Wanderung mit ihm geplant, mal schauen, ob er auftaucht. José kommt nicht. Seine Freundin übernimmt die Führung und erzählt, dass er am Blinddarm operiert werden muss, und schon im Flugzeug nach Quito sitzt. Vor Krankheiten ist man also selbst im Paradies nicht gefeit.

Die Wanderung führt uns durch einen beachtlichen Kakteenwald, an dessen Ende Tortuga Bay mit seinem puderzuckerfeinen, weißen Korallensand vor uns auftaucht. Hier sehen wir zunächst, wie ein Seehund einen Fisch im flachen Wasser jagt. Direkt über den Beiden sitzt ein Pelikan auf dem Ast eines Mangrovenbaums und beobachtet das Schauspiel. Blitzschnell stürzt sich der Pelikan an dem verdutzten Seehund vorbei und schnappt sich die begehrte Mahlzeit. Frei nach Darwin: „Der Schnellere setzt sich durch!" An einer Lagune im Schatten von Mangrovenbäumen machen auch wir ein kleines Picknick, anschließend wird geschnorchelt. Von den angekündigten zahmen Haien taucht aber keiner auf. Ist vielleicht auch gut so. Dann entdecken wir die schwarzen Meerechsen, eine Leguanart, die aus Futtermangel schwimmen und tauchen gelernt hat und sich nun ausschließlich von Algen ernährt. Gut getarnt liegen die bis zu 1,30 m langen Tiere auf den schwarzen Lavafelsen und wärmen sich in der Sonne, bevor sie wieder auf Futtersuche ins Meer gehen. Ab und zu geben sie eine zischende Fontäne von sich, die wir im ersten Moment als Drohung auffassen. Doch unsere Anwesenheit stört die Echsen gar nicht, sie scheiden nur das mit der Nahrung aufgenommene überschüssige Salz durch die Nasenlöcher aus. Es ist ein herrliches Bild, wie diese „Drachen" auf den zerklüfteten Felsen liegen und Fontänen in die Luft blasen.

Langsam wird es dunkel, also eilen wir zurück zum Parkeingang, wo der Parkwächter penibel darüber wacht, dass sich nach 18.00 Uhr kein Unbefugter mehr auf dem Gelände befindet. Mit einem ordentlichen Hungergefühl ausgestattet, schlendern wir ins Restaurant und suchen uns einen Tisch mit Blick aufs Meer. Es wird auf Lavastein gegrillter Thunfisch serviert. Lecker! Der anschließende Verdauungsspaziergang führt uns zu einem Anlegesteg, den sich Jugendliche mit Pelikanen teilen. Der Mond spiegelt sich in den seichten Wellen, im glasklaren Wasser tummeln sich Schwärme bunter Fische und ein stattlicher Rochen. Der Tag neigt sich langsam dem Ende zu. Es ist ein traumhafter Tag. Es ist Ralfs Geburtstag.

Trotz der nächtlichen Hitze haben wir ganz gut geschlafen, das karge Frühstück kann uns die gute Laune nicht verderben, denn der nächste Bootsausflug steht an. Schon bei der Ankunft auf der von Menschen unbewohnten Insel North Seymore werden wir von spielfreudigen Seelöwen begrüßt. An Land fallen uns zuerst die Fregattvögel auf. Die Männchen haben bereits Nester gebaut, nun buhlen sie mit ihren riesig aufgeblähten knallroten Kehlsäcken um die wählerischen Weibchen. Die Blaufußtölpel wenden eine andere Methode an, um die Herzen ihrer Auserwählten zu erobern. Das Männchen stolziert vor dem Nistplatz auf und ab und stellt dabei seine Füße zur Schau, was doch recht drollig aussieht. Ihre ungewöhnliche blaue Fußfärbung verdanken die Tiere farbstoffhaltigen Pflanzen, die einen Teil ihrer Nahrung darstellen.

An Land wirken die Tölpel ziemlich unbeholfen, doch sind sie kühne Jäger, wie sie uns eindrucksvoll demonstrieren. Sie fliegen in Schwärmen übers Meer und halten nach Fischen Ausschau. Entdecken sie ein geeignetes Beutetier, dann tauchen sie wie ein Pfeil metertief ins Wasser und kehren häufig mit einem Fisch im Schnabel zurück. Einige Tölpel sind schon mit der anstrengenden Brutarbeit beschäftigt. Um den Schutz der Tiere zu gewährleisten, dürfen wir den Rundwanderweg in diesem Naturschutzgebiet nicht verlassen. Ist auch gar nicht notwendig, denn manche Brutplätze liegen direkt am Wegesrand. So können wir aus nächster Nähe sehen, dass manche Tölpel ihren Nachwuchs ausbrüten, indem sie sich mit den blauen Füßen auf die 2-3 Eier stellen. Dabei ist erhöhte Aufmerksamkeit geboten, weil die benachbarten Fregattvögel manchmal Eier oder Jungvögel entführen. Keine Gefahr droht den Tölpeln dagegen von den vorbei spazierenden, bis zu 1,50 m langen Landleguanen, die sich lieber von Pflanzen ernähren. Im Moment scheinen sie durstig zu sein, denn sie lassen sich gerade Kakteenblüten schmecken, womit sie ihren Wasserbedarf decken. Es ist schon ein tolles Erlebnis, diesen einzigartigen Tieren so nah kommen zu können. Zurück an Bord gibt es eine Lunchbox. Wir machen es uns auf Sonnenliegen bequem und schippern zu einer ruhigen Bucht, wo wir prima schnorcheln können. Im Wasser tummeln sich unzählige bunte Fische, aber auch an Land gibt es schöne Kontraste zu bestaunen: Weißer Sandstrand und türkisfarbenes Wasser umrahmen schwarze Felsen, wo knallrote Klippenkrabben umher klettern, um grüne Algen zu verspeisen. Während der Rückfahrt entdecken wir Seelöwen, die es sich auf mannshohen Bojen bequem gemacht haben. Wie sie dort hochgekommen sind, bleibt ein weiteres, ungelöstes Galapagos-Rätsel.

Der nächste Bootstrip führt uns nach Floreana Island. Wir sind eine kleine achtköpfige Gruppe, die sehr international aufgestellt ist: Leute aus Holland, Irland, Israel, Japan und Uruguay sind mit von der Partie. Die zweistündige Überfahrt ist recht schaukelig, aber mir wird nur ein klein wenig flau im Magen. Japan geht es deutlich schlechter. Auf der Insel machen wir einen Abstecher ins Hochland, wo wir Interessantes über Flora und Fauna sowie die Erstbesiedlung erklärt bekommen. Dann wird es spannend: Wir besuchen die Wappentiere von Galapagos, 200 kg schwere Riesenschildkröten, die schwerfällig durchs Unterholz schlurfen und Futter in Form von Gräsern, Kletterpflanzen, Büschen, Beeren und Kakteen suchen. Auf jedem Eiland leben andere Unterarten, die leider alle vom Aussterben bedroht sind. Auf der Insel Pinta verstarb 2012 mit *Lonesome George* das letzte Exemplar seiner Art und eine Symbolfigur der Galapagos-Inseln. Für die Schildkröten stellen vor allem Schweine, Ziegen, Katzen und Ratten eine Bedrohung dar, denen Gelege und Jungtiere zum Opfer fallen. Zudem verdrängen eingeschleppte Pflanzen die einheimischen Pflanzen und zerstören somit die Nahrungsgrundlage. Wir schauen uns die gigantischen Reptilien, die über 150 Jahre alt werden können, aus der Nähe an. Der schrumpelige Hals und der kahle Kopf lassen selbst jüngere Tiere bereits uralt aussehen. Wir sind eigentlich schon wieder auf dem Rückweg, da höre ich merkwürdige Geräusche. Wir gehen also noch einmal zurück und entdecken am Rande einer Lichtung den anstrengenden Liebesakt zweier Riesenschildkröten: Das Männchen hat schwer zu kämpfen, um überhaupt den Rückenpanzer seiner Auserwählten erklimmen zu können. Das Weibchen hingegen ächzt unter zusätzlichen 200 kg Last. Aber was tut man nicht alles zur Erhaltung seiner Rasse. Nach einem üppigen Mittagsmahl fahren wir mit dem Boot gemütlich an der Küste entlang. Japan geht es schon wieder schlecht. Wir kommen an bizarren Felsformationen vorbei, sehen weitere balzende Fregattvögel und Fische jagende Blaufußtölpel. Dann haben wir unser Tauchrevier, ein Korallenriff erreicht. Angeblich können wir hier wieder die zahmen Haie beobachten. Ich bleibe an Bord, was vermutlich der Grund dafür ist, dass sich die Haie auch hier nicht blicken lassen. Als nächstes steuern wir eine Bucht mit einer Seelöwenkolonie an. Kaum sind wir im Wasser, kommen die neugierigen Robben auf uns zu. Es ist ein faszinierendes Erlebnis, die ausgelassen herum tobenden Schwimmakrobaten direkt vor der Nase zu haben. Sie jagen sich gegenseitig, drehen Schrauben und flitzen manchmal direkt auf uns zu, um im letzten Moment unter uns wegzutauchen. Herrlich. Auf der Rückfahrt veranstaltet der Käpt'n ein Wettrennen mit einer Delfinschule. Japan geht es gar nicht gut.

Der Fischmarkt in Puerto Ayora ist zwar klein, aber ein echtes Schauspiel. Während die Händler Fische zerteilen, werden sie unentwegt beobachtet. Allerdings nicht von Kunden, sondern von Robben und Pelikanen. Ein vorwitziger Seelöwe kann es gar nicht abwarten, Fischreste zu bekommen, stupst die Händler permanent mit seiner Schnauze an und springt dann kurzerhand auf die Arbeitsplatte. Die bisher geduldigen Pelikane besetzen nun ebenfalls den steinernen Tresen und rangeln mit dem Seelöwen um die Leckereien. Hektisches Geflatter und vielstimmiges Gekreische bestimmen die Szene. Es ist ein Bild für die Götter. Und mitten in diesem Getümmel sitzt seelenruhig ein Leguan und genehmigt sich ein Sonnenbad.

Am nächsten Morgen besuchen wir die Charles Darwin-Station. Hier erfahren wir allerlei interessante Fakten über die Galapagos Inseln allgemein und über die Riesenschildkröten im speziellen. In der Zuchtstation leben strikt getrennt

Exemplare aller Unterarten der verschiedenen Inseln. Die Schildkröten haben sich der jeweiligen Inselvegetation angepasst und sich dementsprechend individuell weiterentwickelt. Die optischen Unterschiede sind so gravierend, dass selbst wir die Arten unterscheiden können.

Nach dem Mittagessen wollen wir mit Sack und Pack auf die Insel Isabela übersiedeln. Unser Speedboat für die Überfahrt ist mit zwei Außenbordmotoren ausgestattet, und das ist auch gut so, denn bereits nach zehn Minuten Fahrt stottert einer der beiden Motoren. Die zweiköpfige Besatzung stoppt, hantiert fachkundig am Aggregat herum und ist schnell mit den Reparaturarbeiten fertig. Wir können weiterfahren. Nach wenigen Minuten unterbricht der Kapitän die Fahrt erneut, um die Zündkerzen zu wechseln. Und weiter geht's. Kurze Zeit später stottert der Motor schon wieder, diesmal nimmt der Kapitän Funkkontakt mit einem weiteren Speedboat auf. Nach einem gelungenen Anlegemanöver auf hoher See werden vier unserer 16 Passagiere, vermutlich aus Gründen der Gewichtsverteilung, auf das andere Schiff transferiert. Doch die Gewichtsreduzierung ist nicht ausreichend, unser Boot erreicht mit nur noch einem funktionstüchtigen Motor nicht die gewünschte Reisegeschwindigkeit. Also wird wieder Funkkontakt mit dem anderen Schiff aufgenommen und wir erleben ein zweites Anlegemanöver. Auf wogender See klettern wir mit acht weiteren Leuten auf das mit nun 29 Personen bedenklich überfüllte Boot. Nebeneinander her fahrend streben unsere beiden fröhlichen Kapitäne nun endlich der Insel Isabela entgegen.

Doch kurz vor der Hafeneinfahrt – wir haben inzwischen 90 Minuten Verspätung – stoppen beide Boote erneut. Was ist denn nun schon wieder kaputt? „Nada, nada", beruhigt man uns. Wir möchten doch bitte wieder auf unser ursprüngliches Boot klettern, schließlich kontrolliert der Hafenkommandeur gleich die Anzahl der Passagiere pro Boot, „und auf unseren Booten steht die Sicherheit der Passagiere immer an erster Stelle".

Am nächsten Tag geht die Schaukelei von vorne los, allerdings nicht auf einem Boot, sondern im Sattel: Ein Reitausflug steht auf dem Programm. Das wird bestimmt lustig, denn wir haben beide noch nie auf einem Pferd gesessen. Immerhin bringen wir Erfahrung im Dromedar- und Elefantenreiten mit. Unsere Pferde entpuppen sich zum Glück als brave Burschen, obwohl mein Vierbeiner ab und zu unvermittelt los galoppiert. Gut, dass der Sattel über einen Sattelknauf verfügt. Wir reiten also mehr oder weniger souverän zum Sierra Negra-Vulkan, dessen letzte Eruption 2005 stattgefunden hat. Der Krater ist mit kaum zu glaubenden zehn Kilometern Durchmesser der zweitgrößte der Welt. Beim Blick vom Kraterrand aus in die Caldera können wir anhand der unterschiedlichen Vegetation sehr gut sehen, wo die Lava 2005 hergelaufen ist. Wir „parken" unsere Pferde und wandern weiter zum Vulkan Chico. Der Weg führt 90 Minuten lang über scharfkantiges Lavagestein, aber der tolle Fernblick auf die Nachbarinseln entschädigt für die mühsame Wanderung. Auf dem Rückweg kommen wir an einigen Erdlöchern, aus denen heiße Luft entweicht, vorbei. Die fauchende Erde unterstreicht die Tatsache, dass hier noch rege vulkanische Tätigkeit zu verzeichnen ist. Nach einem stärkenden Picknick mit Blick auf die Vulkane reiten wir zurück ins Tal. Uns ungeübte Reiter schmerzt ganz schön der Hintern, also sind wir froh, dass wir nach zwei Stunden endlich absatteln können. Ohne Pause geht es weiter, mit einem Chiva – einem offenen Allradfahrzeug – rattern wir zum Brutcenter für Riesenschildkröten. Hier machen wir einen interessanten Rundgang, wobei uns das gestern in der Charles Darwin-Station erworbene Wissen nützlich ist. Heute geht es Schlag auf Schlag, es stehen noch ein Schnorchelausflug und eine Wanderung auf dem Programm. Schon sitzen wir wieder im Boot und tuckern durch eine Lagune. Zuerst mal amüsieren wir uns über die Seelöwen: Neben ihrem Spieltrieb haben die drolligen Burschen auch ein feines Gespür für außergewöhnliche Schlafplätze: Wir sehen sie in dümpelnden Fischerbooten, auf schwankenden Bojen und auf teuren Yachten liegen. Das nächste optische Highlight ist eine kapitale Wasserschildkröte, die gemächlich durchs türkisfarbene Wasser taucht. Dann entdecken wir am Ufer Pinguine, und während wir die Felslandschaft nach weiteren Schnabeltieren absuchen, hätten wir fast den Pinguin übersehen, der in unserer unmittelbaren Bootsnähe herum planscht. Jetzt aber schnell ins Wasser. Wir schnorcheln umher, sehen Rochen unter uns her gleiten und werden von Seelöwen als Slalomstangen missbraucht. Wunderbare Welt der Tiere. Bei der anschließenden Wanderung über eine natürliche Uferpromenade aus Lavagestein begegnen wir noch einmal Robben und Hunderten von Leguanen. Inzwischen haben wir uns an die Tiervielfalt gewöhnt, und dennoch ist es immer wieder aufs Neue faszinierend, den seltenen Tieren, die ihre Scheu komplett abgelegt haben, so nah zu kommen.

Auf unserer bisherigen Reise gab es sowohl ruhige als auch lebhafte Tage. Der letzte Tag auf Galapagos gehört eher zur letzten Kategorie. Wir verbringen die Nacht auf der Insel Isabela, wo uns der Wecker morgens um fünf Uhr aus dem Schlaf reißt. Ein Taxi bringt uns mit unserem Gepäck zum Fährhafen, wo wir vom türkisblauen Meer aus verspielte Seelöwen und den glühend roten Sonnenaufgang beobachten können. Die zweistündige Bootsüberfahrt zur Insel Santa Cruz verläuft diesmal ruhig und wir starten gutgelaunt zur Highlands-Tour. Nach einer halben Stunde Autofahrt erreichen wir den El Chato-Nationalpark der Galapagos-Riesenschildkröten. Der Park ist weitläufig, von unzähligen Pfaden durchzogen und anscheinend lebensgefährlich: Ein Warnschild weist darauf hin, dass „Tourists have been lost along the trail". Huch, sind die Riesenschildkröten etwa doch Fleischfresser? Nein, natürlich nicht. Einige unvorsichtige „No risk, no fun-Touristen" hatten die Orientierung verloren und zu wenig Wasser dabei. Das war ihr Ende. Vergleichbares kann uns allerdings nicht passieren, denn wir sind ja mit einem ortskundigen Führer unterwegs und haben ausreichend Wasser dabei. Wir entdecken Schildkröten beim morgendlichen Bad im Teich und ein besonders stattliches Exemplar, welches uns den Weg versperrt. Als Ralf sich ihm nähert, demonstriert er uns, wer hier der Chef im Revier ist. Mit einer enormen Kraftanstrengung stellt er sich auf die Zehenspitzen und reckt seinen Hals weit vor, dadurch wirkt er noch imposanter. Als Belohnung für seinen Einschüchterungsversuch nehmen wir einen anderen Pfad. Der ausgiebige Rundgang beschert uns noch weitere interessante Begegnungen mit den Kolossen, dann fahren wir weiter zu einem 1,3 Kilometer langen Tunnel aus Lavagestein. Wir durchwandern die bizarre

Röhre und sind verblüfft, wie die Natur die nahezu kreisrunde Form hinbekommen hat. Während der anschließenden Taxi-Fahrt zum Fährhafen eilt die saftig-grüne Vegetation der Vulkaninsel an uns vorbei. Am Hafen genießen wir noch einmal die herrlich entspannte Atmosphäre auf den Galapagos-Inseln: Pelikane sitzen träge auf den Ästen der Mangrovenbäume und starren Fische suchend auf das klare Wasser, während sich einige Taxifahrer und Fischer mit einem Geschicklichkeitsspiel auf dem Bootssteg die Zeit vertreiben. Die fünfminütige Überfahrt zur Insel Baltra verbringt unser Gepäck auf dem Bootsdach, wir hingegen finden Platz auf einer Sitzbank. Nun warten wir nur noch auf das Sammeltaxi zum Flughafen. Das Taxi taucht allerdings nie auf und die Zeit wird knapp, also versuchen wir unser Glück als „Anhalter". Ein freundlicher Marinesoldat bringt uns noch rechtzeitig zum Airport. „Muchas Gracias". „De nada".

Wir stehen bereits am Flughafenschalter, als plötzlich das komplette Schalterpersonal ohne Erklärung verschwindet. Allgemeine Ratlosigkeit. Gibt es eine Verspätung? Fällt der Flug aus? Keiner weiß Bescheid. Nach 20 Minuten kehrt das Schalterpersonal grinsend zurück, es wurde „mal eben" für die Startvorbereitungen des anderen heute stattfindenden Fluges benötigt! Andere Länder – andere Sitten! Als unser Flieger Richtung Peru abhebt, ist es gerade mal 13.00 Uhr. In den letzten acht Stunden haben wir so viel gesehen und erlebt, dass es für eine ganze Woche reichen würde.

20. Peru – Ralf:

Über Quito fliegen wir nach Lima. Hier haben wir einige Stunden Aufenthalt und schlagen uns die Nacht um die Ohren. Wir ergattern zwar bequeme Sitze, müssen uns das Schlummern allerdings verkneifen, denn wir wollen ja nicht ohne Gepäck aufwachen. Um 4.00 Uhr morgens können wir endlich einchecken, um 5.40 Uhr heben wir Richtung Cusco ab. Bei unserer Ankunft sind wir bereits seit 26 Stunden unterwegs und ziemlich geschafft.

Die wechselhafte Geschichte als Hauptstadt des Inkareichs und viele Sehenswürdigkeiten in der Umgebung haben Cusco zur Gringo-Hochburg Südamerikas verholfen. Hier wimmelt es nur so vor Touristen, was die geschäftstüchtigen Quechua-Indios veranlasst, bereits in der Ankunftshalle des Flughafens Textilwaren und CD's mit Musik aus dem Andenhochland anzupreisen. Wir freuen uns momentan allerdings mehr darüber, dass uns der Hotel-Fahrdienst bereits erwartet. Cusco liegt 3.300 m höher als die Galapagos-Inseln, also müssen wir uns erst mal akklimatisieren, bevor wir zu einer Mehrtageswanderung auf dem uralten Lares-Trek aufbrechen.

Bei Rundgängen durch die Stadt stolpern wir immer wieder über steinerne Zeugen der Inka-Baukunst, so etwa der legendäre zwölfeckige Stein, der fugenlos in eine Mauer eingepasst wurde, oder die Gasse der sieben Schlangen. Hier wurden einige Steine mit Schlangen verziert, dem Symbol der Weisheit. Es ist wohl die Kombination aus geschichtsträchtigem Ort, engen Gassen, zahlreichen Inka-Ruinen und prächtigen Kolonialbauten der Spanier, die Cusco zu solch enormer Beliebtheit verholfen hat.

In einem Lokal ein wenig abseits der Touristenströme lassen wir uns auf ein kleines kulinarisches Abenteuer ein und bestellen wie die Indios am Nachbartisch Cuy Asado. Diese Spezialität der Regionalküche besteht aus einem gerösteten Meerschweinchen am Spieß mit Kartoffelbeilage. Das komplett servierte Tier ist etwa 30 cm lang, kommt geschmacklich einem Kaninchen nahe, ist uns aber etwas zu fett.

4.45 Uhr. Der Wecker piept. Heute starten wir unsere dreitägige Wanderung auf dem Lares Trek, allerdings wache ich mit einer Magenverstimmung und Durchfall auf, vermutlich die späte Rache des Meerschweinchens. Das sind natürlich keine guten Voraussetzungen für eine Wanderung in den Anden, aber was will man machen? Abfahrt ist in einer Stunde, also bleibt noch genügend Zeit für ein kurzes Frühstück. Mit leichtem Marschgepäck gehen wir in der Dunkelheit zum Treffpunkt, wo sich neben uns noch neun weitere Teilnehmer einfinden. Nachdem auch der letzte Reiseführer angeschlappt kommt, steigen wir in den Bus und rattern los. 90 Minuten später gibt es die letzte Einkaufsmöglichkeit in einem kleinen Ort, dann verlassen wir die Zivilisation. Zwei weitere Stunden schaukeln wir über Schotterpisten, bis wir in einem abgelegenen Dorf den Startplatz für die Trekkingtour erreichen. Der Platz ist gleichzeitig der Pausenhof der Dorfschule, also spielen wir mit den begeisterten Kindern noch ein wenig Basketball und Fußball.

Es ist offensichtlich, dass hier eine ziemliche Armut herrscht. Mütter wie Kinder haben abgewetzte, schmutzige Klamotten an und die Schule mit ihren kaputten Fenstern macht auch keinen guten Eindruck. In gewisser Weise passe ich ganz gut hierher, denn ich mache ebenfalls keinen guten Eindruck. Ich habe weiterhin Darmprobleme und fühle mich ziemlich schlapp. Aber auf Einzelschicksale kann jetzt keine Rücksicht genommen werden. Die Maultiere werden beladen und los geht es. Neben den zwei Führern und uns Touristen sind noch einige Quechua-Indianer mit ihren Lastpferden dabei. Sie laufen barfuß, um Pachamama – der Mutter Erde näher zu sein, und sprechen Quechua, die Sprache der Hochlandindianer. Etwa eine Stunde lang quäle ich mich bergauf, dann bin ich völlig platt. Carlos, unser Führer, trichtert mir Tee mit reichlich Cocablättern ein. Die Blätter gelten als Allheilmittel im Andenhochland. Sie helfen gegen Kälte, Erschöpfung und Höhenkrankheit, da sie wichtige Nährstoffe enthalten und die Sauerstoffaufnahme verbessern. Außerdem darf ich die Tour auf dem Rücken eines wenig begeisterten Packpferdes fortsetzen. Wir erreichen die Passhöhe auf 4.260 m nicht etwa wegen meiner auf Galapagos gesammelten Reiterfahrung, sondern wegen der Willensstärke meines Pferdes. Dann führt der Weg leicht bergab, und auch ich bin wieder zu Fuß unterwegs. Susanne schwärmt vom traumschönen Andenpanorama und von Lamaherden an Berghängen, während ich inzwischen alles doppelt sehe. Im idyllisch an einem kleinen Wasserfall gelegenen Mittagscamp stärkt sich die Karawane, ich nutze die Pause lieber für ein Schläfchen. Nach einer weiteren Wanderung erreichen wir unser Nachtcamp. Im Nu haben die Quechua mehrere Zweimannzelte, ein großes Essenszelt und zwei Toilettenzelte aufgebaut. Ich schütte literweise Cocatee in mich hinein, während sich Susanne mit den anderen Tour-Teilnehmern über das reichhaltige Abendessen hermacht. Bald darauf mummeln wir uns in unsere Schlafsäcke ein und hoffen auf eine erholsame Nacht.

Das Scheppern von Tassen und Kannen reißt uns aus den Träumen. Es ist 6.00 Uhr morgens. Es dämmert in den Anden, Bodennebel wabert durch die Täler und vor unserem Zelt dampfen bereits zwei Blechtassen mit Cocatee. Ich fühle mich wie neu geboren, das Hochlandgetränk und der ausgiebige Schlaf haben mich anscheinend runderneuert. Wir packen unser Marschgepäck, frühstücken alle zusammen und schon geht es weiter. Weiter bergauf, denn wir starten bei 3.750 m, unserer Nachtcamp-Höhe.

Wir durchwandern verschiedene Vegetationszonen in der fast unberührten Natur, immer die imposanten Bergriesen vor Augen. Unerwartet taucht ein kleiner See mit eiskaltem, glasklarem Wasser vor uns auf. An diesem idyllischen Plätzchen machen wir eine kurze Rast, bevor wir die Passhöhe auf 4.600 m erklimmen. Die Luft wird immer dünner, und das Barometer zeigt nur noch magere 573 Millibar an. Während es mir inzwischen besser geht, bekommt nun Susanne Kopfschmerzen und Atemnot. Das Allheilmittel Cocatee wird wieder eingesetzt. Hinter dem Gipfel geht es stetig bergab. Wir erreichen unser Camp auf 3.950 m, traumhaft gelegen in einem tiefen Taleinschnitt an einem murmelnden Gebirgsbach. Wir genießen die letzten wärmenden Sonnenstrahlen, bevor es rasch abkühlt. Erst jetzt wird uns bewusst, dass wir heute nicht einen einzigen Menschen getroffen haben. Nach dem Abendessen bestaunen wir den prächtigen Sternenhimmel, bevor uns die Kälte ins Zelt treibt. Behaglicher ist es hier aber auch nicht, das Thermometer zeigt 4° Celsius an. Buenas Noches.

Das Scheppern von Tassen und Kannen reißt uns aus den Träumen. Diesmal ist es 6.30 Uhr und ungemütlich kalt, da die Sonne noch keinen Zugang zu unserem Tal gefunden hat. Dafür dampft der unvermeidliche Cocatee bereits wieder vor unserem Zelt. Es folgt die übliche Routine: zusammenpacken, frühstücken und Abmarsch. Mit jedem Schritt bergab geht es auch Susanne wieder besser. Die Vegetation verändert sich und wir durchqueren einen skurrilen Wald, dessen knorrige Bäume sich zwischen bemoosten Steinen behaupten. Der Wald ist so unwirklich, dass er einem sagenhaften Märchen zu entstammen scheint. Fabelhaft ist auch der Talblick, den wir auf dem uralten Weg bergab stets vor Augen haben. Eine Tampu-Ruine am Wegesrand dient uns als Rastplatz. Carlos erklärt, dass diese Gebäude zur Inka-Zeit in regelmäßigen Abständen von elf Meilen standen und den Boten, Beamten und Kriegern als Rasthaus und Herberge dienten. In angrenzenden Magazinen wurden damals Waffen der Inka-Armee eingelagert.

Bevor diese wunderbare kleine Expedition in die Abgeschiedenheit des Andenhochlands zu Ende geht, gibt es noch ein Abschiedsmahl. Es dauert diesmal ein wenig länger, denn die Maultiere haben den Kocher demoliert und die Reparatur ohne Werkzeug gestaltet sich etwas schwierig. Doch mit handwerklichem Geschick bekommt das Küchenteam den Kocher wieder flott. Nach dem Essen folgen eine kleine Spendensammlung für unsere fleißigen Quechua-Indianer und eine herzliche Verabschiedung. Das intensive Erlebnis in der überwältigenden Natur, die Einsamkeit und die Stille haben uns nachhaltig beeindruckt. Doch mit der Ruhe ist es schnell vorbei. Am Bahnhof herrscht schon wieder vielstimmiges Sprachengewirr. Zu unserem Zielort Aguas Calientes führt keine Straße, also nehmen wir die Gleise. Die Fahrt mit der Schmalspurbahn am Ufer des Urubambaflusses ist interessant und kurzweilig, wir schlängeln uns durch das tiefe Tal und dank der Panorama-Dachfenster können wir die Steilheit der Bergflanken bestaunen. Bei Anbruch der Dunkelheit erreichen wir Aguas Calientes, Ausgangspunkt für unsere morgige Besichtigung der Inka-Ruine Machu Picchu. Wir hatten bereits mehrfach geplant, hierher zu kommen, doch immer kam irgendetwas dazwischen. Nun haben wir es endlich geschafft. Wir spazieren durch die Gassen des Touristenörtchens, essen eine Kleinigkeit, gehen früh ins Bett und schlafen voller Vorfreude ein.

Der Wecker piept um 4.15 Uhr, bereits jetzt herrscht im ganzen Hostal lebhaftes Treiben und wir finden nur mit Mühe Platz im Frühstücksraum. Um 5.00 Uhr stehen wir bereits mit Hunderten von anderen Touristen in einer Warteschlange an der Bushaltestelle. Die geschäftstüchtigen Indianer freuen sich über das Regenwetter, denn so können sie einige Regenponchos an die Touristen verkaufen. Ungeduld und Spannung wachsen. Wir wollen endlich die 1911 im Dschungel wiederentdeckte Stadt besichtigen. Dann setzt sich die Buskolonne in Bewegung, über eine Serpentinenstraße erreichen wir die Zitadelle des Weltkulturerbes. Um Punkt 6.00 Uhr öffnen sich die Tore. Wir befinden uns jetzt in der sagenhaften Ruinenstadt auf einem Bergkamm der Anden, Frühnebel wabert durch die Ruinen der Tempel und Paläste. Doch das nehmen wir nur aus den Augenwinkeln wahr, denn wir müssen erst mal über das halbe Gelände rennen, um Tickets für die Ersteigung des Huayna Picchu zu ergattern. Von diesem Gipfel aus hat man einen traumhaften Blick auf die Inka-Ruine, allerdings ist die Anzahl der Besucher auf 400 Personen pro Tag begrenzt. Wir sind schnell genug. Mit den begehrten Tickets in der Tasche schließen wir uns wieder unserem Führer Eric an, den Huayna Picchu erklimmen wir später. Eric erzählt voller Stolz von der Baukunst der Inkas, zeigt uns die Überreste von Tempeln, Palästen, Türmen und Grabstätten, die mit einem System von Treppen miteinander verbunden waren. Etliche Außenmauern der zum Teil mehrgeschossigen Wohnbauten sind noch erhalten. Belege für den praktizierten Sonnenkult sind der architektonisch ausgeklügelt angelegte Tempel der Sonne und das Himmelsobservatorium. Dank raffinierter Bewässerungssysteme an den steilen Berghängen konnten Kartoffeln und Gemüse angebaut werden. Sinn und Zweck dieser Stadt sind bis heute umstritten. Vermutlich lebten dort hochrangige Priester und Astronomen, die nach der Ankunft der Spanier geflüchtet sind. Jedenfalls blieb die Inka-Stätte von den spanischen Konquistadoren unentdeckt und ist dann bei den Indios in Vergessenheit geraten. Nachdem Eric die interessante Führung beendet hat, haben wir Zeit, Machu Picchu allein zu erkunden. Inzwischen haben sich die Nebelfelder und Regenwolken verzogen, also setzen wir uns auf eine Steinmauer und überblicken die komplette Tempelanlage. Lamas springen leichtfüßig steile Stufen empor während Touristen unzählige Fotos schießen. Obwohl sich einige Hundert Menschen auf der Tempelanlage befinden, strahlt sie eine majestätische Ruhe aus. Dies ist wirklich ein magischer Ort.

Gegen halb elf machen wir uns auf, den Huayna Picchu zu erklimmen. Zuerst mal müssen wir uns an einer Kontrolle namentlich eintragen. Dort wird uns auch eine ungefähre Rückkehrzeit vorgegeben. Der Berg sieht abenteuerlich aus und die Wahrnehmung täuscht nicht. Unregelmäßig hohe Stufen führen uns teilweise an tiefen Abgründen vorbei himmelwärts. Die steilsten Stellen sind mit Stahlseilen zum Festhalten versehen, ab und zu führt der Pfad durch Höhlen. Doch die 70minütige Kletterei lohnt sich: Knapp unter dem Gipfel befinden sich Terrassen und der Mondtempel. Was hat die Inka-Architekten nur dazu veranlasst, auf diesem abgeschiedenen und schwer zugänglichen Berg einen Tempel zu errichten? Die Gelehrten sind ratlos. Jedenfalls haben wir von hier oben die einzigartige Aussicht auf die Inka-Ruinen von Machu Picchu und den Blick ins abgrundtiefe Urubamba-Tal. Vom Hauch der Geschichte beseelt kraxeln wir bergab und lassen zum guten Schluss unsere Reisepässe im Nationalparkbüro abstempeln. Zurück in Aguas Calientes überbrücken wir die Zeit bis zur unserer Bahnfahrt nach Cusco in einem kleinen Restaurant. Wir probieren Alpakasteaks und müssen es nicht bereuen. Das Fleisch ist zart, saftig und schmeckt ausgezeichnet. Dermaßen gestärkt, sind wir bereit für die mehrstündige Fahrt mit der Schmalspurbahn durch das malerische Urubamba-Tal. In Cusco fallen wir dann nur noch hundemüde ins Bett. Der nächste Tag wird von Feierlichkeiten bestimmt. Straßen sind gesperrt und verschiedene Folkloregruppen in ihren traditionellen Kostümen tanzen und musizieren vor den Augen der fachkundigen Jury. Die Sonne strahlt, und so können wir das farbenfrohe Spektakel ungetrübt beobachten. Susanne kauft sich zum Abschied einen Schal aus Alpakawolle, denn schon morgen geht die Reise weiter.

Die Quechua-Indianer besiedeln seit ewigen Zeiten das Andenhochland. Während unserer Busfahrt nach Puno durchqueren wir malerische Indio-Dörfer mit einfachen Lehmhütten und bescheidenen Ackerbauflächen am Rande schneebedeckter Berge. Das Bilderbuch-Panorama wird allerdings durch die große Anzahl der weithin leuchtenden Dixie-Klos beeinträchtigt. Fortschritt und Komfort sind also auch in den ärmeren Anden-Regionen auf dem Vormarsch.

In Puno, am Rande des Titicaca-Sees, mieten wir uns eine komfortable Unterkunft, schließlich hat Susanne morgen Geburtstag. Wir schauen uns ein wenig in der Stadt um und erneuern unseren Getränkevorrat. Abends finden wir ein nettes Lokal mit einer lobenswerten Küche und Blick auf die Kathedrale. Die Nacht verläuft sehr unangenehm. Susanne wacht auf, weil sie kaum noch Luft bekommt. Das wird wohl die Höhenkrankheit sein. Puno liegt 3.855 m über dem Meeresspiegel, hier ist die Luft schon spürbar dünn. Die Allzweckwaffe Cocatee soll für Besserung sorgen. Nach dem Frühstück gehen wir am Titicaca-See spazieren. Die Attraktionen des Sees sind die schwimmenden Inseln der Urus. Diese Inseln bestehen aus mehrlagigem Schilf. Ursprünglich wurden die Inseln benutzt, um sich vor den Inkas zu schützen. Immer, wenn ein Angriff drohte, zogen sich die Urus mit den Inseln auf den See zurück. Die Boote für den Fischfang und die Matten für den Bau der Hütten bestehen ebenfalls aus Schilf. Das Volk ist sehr stolz auf seine traditionelle Lebensweise und lehnt es strikt ab, auf das Festland überzusiedeln. Eigentlich wollten wir die Urus auf ihren Schilfinseln besuchen, aber Susanne geht es überhaupt nicht gut. Sie schluckt Pillen gegen die Höhenkrankheit und trinkt unentwegt Cocatee, aber es wird einfach nicht besser. Also beschließen wir, schnellstmöglich nach Arequipa weiterzufahren, das liegt nur noch auf 2.400 m Höhe. Was für ein beschissener Geburtstag. Am Busbahnhof werden wir, wie alle anderen Passagiere auch, beim Einsteigen in den Bus gefilmt. Das erleichtert die Identifizierung der Opfer bei einem eventuellen Unfall. Sehr vertrauenserweckend. Wir machen es uns in den Sesseln bequem und bald darauf fahren wir ab. Doch zu Susannes Entsetzen fahren wir bergauf. Die Straße führt noch stundenlang über den Altiplano, die Andenhochebene. Von der traumhaft schönen Landschaft bekommt Susanne so gut wie nichts mit, sie bekommt kaum Luft und will endlich die Höhe verlassen. Wir müssen allerdings noch einige 4.500er überwinden, bis es schließlich tatsächlich abwärts geht.

In Arequipa ist sie immer noch wackelig auf den Beinen, kann aber endlich wieder durchatmen. Wir ergattern ein riesiges Zimmer in einem alten Kolonialgebäude, mit Holzfußboden, Stuck unter der Decke und großer Dachterrasse. Zudem liegt die Unterkunft zentral und ist spottbillig. Arequipa wird auch „die weiße Stadt" genannt, vermutlich wegen den vielen historischen Gebäuden, die aus Sillar-Gestein vulkanischen Ursprungs erbaut wurden. Das Zentrum der Stadt ist die Plaza de Armas, die von eleganten Kolonialgebäuden und der Kathedrale umgeben ist. Doch auch hier liegen Reichtum und Armut nah beieinander. Als wir einem bettelnden barfüßigen Mütterchen ein paar Bonbons geben, winkt sie noch minutenlang hinter uns her.

In der nahen Umgebung ragen drei mächtige Vulkane in den Himmel, der kegelförmige Misti ist noch aktiv. Von hier aus kann man schöne Touren zum Colca Cañon unternehmen, der mit 3.000 m Höhenunterschied zu den tiefsten der Welt zählt. Doch Susanne hat keine Lust mehr auf irgendwelche Bergtouren. Wir sind froh, dass es ihr wieder besser geht und freuen uns schon

auf den Flug nach Lima, ins Flachland. Nach der Ankunft in Perus Hauptstadt werden wir vom Taxidienst unserer gebuchten Unterkunft abgeholt. Dort stellt sich dann heraus, dass unser Zimmer erst morgen frei wird. Übergangsweise werden wir in einer benachbarten Herberge bei einem älteren Ehepaar untergebracht. Die Gegend scheint ein heißes Pflaster zu sein, denn der Kiosk, an dem wir Getränke und Knabbereien kaufen, ist mit einer vergitterten Verkaufsluke ausgestattet und nach Einbruch der Dunkelheit ist niemand mehr auf den Straßen zu sehen. Also gehen wir nach Hause und machen es uns gemütlich. Der nächste Tag beginnt mit dem Frühstück in einer kurios dekorierten Wohnstube. An den Wänden wimmelt es vor frommen Sprüchen und Heiligenbildern, ergänzt durch einige Jesusfiguren. Dermaßen behütet schmecken die Brötchen noch mal so gut. Dann packen wir zusammen, verabschieden uns von den netten Leuten und gehen rüber zu unserer im Internet gebuchten Unterkunft. Entgegen der gestrigen Aussage soll unser Zimmer plötzlich nicht mehr über Fenster verfügen und ist zudem immer noch nicht bezugsfertig. Jetzt platzt Susanne der Kragen und streicht uns kurzerhand aus dem Gästebuch, dann machen wir uns auf die Suche nach einer anderen Bleibe. Vier Anfragen später werden wir fündig. Die Lage des Hostals ist gut, ein riesiger Supermarkt mit Delikatessen aus aller Welt liegt nicht weit entfernt und die nahe Uferpromenade lädt zum „Laufen mit Meerblick" ein. Die Promenade liegt auf einer Klippe hoch über dem Pazifik und ist umrahmt von vielen Grünanlagen, in denen sich Peruaner jeglichen Alters tummeln. Der ungepflegte Strand hingegen wird verschmäht, nur eine handvoll Surfer amüsieren sich im kalten Wasser.
Lima, 1535 vom spanischen Eroberer Francisco Pizarro als „Stadt der Könige" gegründet, hat natürlich viele Museen und Kolonialbauten zu bieten, doch diesmal haben wir keinen Bock auf Kulturstress und freuen uns auf ein paar ruhige Tage. Genauso machen wir es dann auch. Wir relaxen, bummeln ein wenig durch die Stadtteile und freuen uns des Lebens. Der berüchtigte Küstennebel, der Lima die nächsten vier Monate lang verhüllen wird, kann uns nicht mehr ärgern, denn der Abschied naht. Der Taxifahrer, den wir gestern bestellt hatten, steht bereits eine Stunde vor dem vereinbarten Zeitpunkt vor der Tür. Die für uns preiswerte Fahrt zum Airport scheint für ihn so lukrativ zu sein, dass er sie auf keinen Fall verpassen will. Bis zum Flughafen läuft alles glatt, doch am Check-In-Schalter gibt es Probleme mit unseren Round-the-

world-Tickets. Angeblich sind unsere Buchungen nicht im Computer erfasst. Das ist jedoch kein Grund zur Beunruhigung, denn was haben wir in Südamerika gelernt? Tranquilo! Ruhig bleiben! Ein zweiter Schalterbeamter kommt hinzu, doch auch er kann nichts finden. Tranquilo! Kein Grund, Nerven zu kriegen. Ein dritter Bediensteter mischt sich ein, findet sich im Computer-Labyrinth zurecht und so bekommen wir nach knapp einer Stunde Wartezeit doch noch unsere Bordkarten ausgehändigt. Adios Peru. Brasilien, wir kommen!

21. Brasilien – Ralf:

Der Flug von Lima nach Sao Paulo dauert vier Stunden, der Anschlussflug nach Salvador noch mal zwei. Salvador, die ehemalige Hauptstadt Brasiliens, empfängt uns mit warmen Temperaturen und einer hohen Luftfeuchtigkeit. Die folgende Busfahrt zum Stadtteil Barra gleicht einer kleinen Stadtrundfahrt. Wir rattern die malerische Küstenlinie entlang, vorbei an belebten Plätzen, farbenfrohen Märkten und tropischen Parks. Unübersehbar ist der starke afrikanische Einfluss: Frauen balancieren Lasten auf ihrem Kopf, Fischer paddeln in ihren Einbaumbooten die Küste entlang und der Lebensrhythmus ist ein wenig langsamer als im übrigen Südamerika. In Barra angekommen suchen wir die Villa Verde, wo wir bei Wolfgang, einem ausgewanderten Deutschen, ein Appartement angemietet haben. Doch nicht nur wir. Nach inzwischen elf erlebnisreichen Reisemonaten bekommen wir morgen Besuch aus der Heimat. Voller Vorfreude schlummern wir ein.

Munteres Vogelgezwitscher reißt uns aus dem Schlaf. Ich schnappe mir die Laufschuhe und erkunde die Umgebung der kilometerlangen Strandpromenade. Nach dem Frühstück schlendern wir zum Farol da Barra, dem ältesten Leuchtturm Amerikas.

Bei einem Straßenhändler gönnen wir uns eine erfrischende Kokosnuss, dann geht es ab zum Supermarkt, wo wir ein paar Begrüßungssnacks besorgen. Mit Andrea und McRip, ebenfalls weit gereiste Traveller, wollen wir eine gemeinsame Woche in Brasilien verbringen. Sie tauchen etwas verspätet auf, was der herzlichen Begrüßung aber keinen Abbruch tut. Die Beiden haben schon einen Abstecher in den Regenwald hinter sich und damit (fast) so viel zu erzählen wie wir. Die nächsten zwei Stunden vergehen wie im Flug, dann steuern wir ein Restaurant auf der Promenade an und schildern uns gegenseitig weitere Erlebnisse des letzten Jahres. Den folgenden Tag verbringen wir mit Strandurlaub, wir relaxen an zwei verschiedenen Badebuchten und üben uns im Slalomschwimmen zwischen Dosen und Plastikflaschen hindurch. Abends gehen wir in einer einfache Straßenkneipe essen und werden mit leckeren lokalen Spezialitäten für kleines Geld verwöhnt.

Pelourinho, die historische Altstadt ist unser nächstes Ziel. Wir bummeln durch die Straßen an prächtigen historischen Palästen und Kirchen vorbei. Eher bescheiden wirken dagegen die unzähligen afro-brasilianischen Tempel, in denen candomblé, eine Naturreligion zelebriert wird. Aus den oft einfachen Gebäuden mit kleinen Altären dringen jedoch fröhliche Gesänge und ausgelassene Stimmung nach draußen.

Salvador war bis ins 18. Jahrhundert wichtigster Außenposten der Kolonialmacht Portugal. Der frühere Wohlstand ist eng mit dem Export von Tabak und Zuckerrohr verbunden, aber auch mit dem lebhaften Sklavenhandel. Die Arbeitskräfte auf den Feldern waren hauptsächlich verschleppte Westafrikaner. Dieses dunkle Kapitel des Kolonialismus ist dafür verantwortlich, dass Salvador heute als „afrikanischste" Stadt Brasiliens gilt. Hier in der Altstadt spüren wir die unbändige Lebensfreude der Salvadorianer. Auf der „Praca" sorgen artistische Capoeira-Tänzer für gute Stimmung. Wir schnappen uns ein paar Stühle in Sichtweite und lassen uns delikate Teigtaschen von einer der vielen Straßenverkäuferinnen schmecken. Nach Einbruch der Dunkelheit verlagert sich die Party in die engen und abschüssigen Kopfsteinpflastergassen. Lautstarke Trommler-Bands animieren zum ausgelassenen Tanzen. Die Salvadorianer sind ganz in ihrem Element, geschmeidige Bewegungen wechseln sich mit wilden Zuckungen ab, langsam aber sicher tanzen sie sich in Ekstase. Selbst wir hüftsteifen Mitteleuropäer lassen uns vom Rhythmus mitreißen und wackeln talentfrei im Takt. Es herrscht eine Riesenstimmung und die fliegenden Getränkehändler machen bemerkenswerte Umsätze. Der kurzen Nacht folgt mal wieder ein Reisetag. Wir Vier sind mit einem Taxi unterwegs zum Busbahnhof. Itacaré, ein aufstrebendes Feriendorf direkt am

Atlantik ist unser Ziel. Die Fahrt dorthin führt durch eine landschaftlich reizvolle Gegend mit kleinen Dörfern und üppiger Tropenvegetation. An unserem Zielort warten die unvermeidlichen „Schlepper", die uns zur Unterkunft ihrer Wahl bringen wollen. Wir überfliegen die zahlreichen bunten Prospekte, dann entscheiden wir uns für die Posada Estrela. Als zukünftige Gäste des Hauses brauchen wir unser Gepäck selbstverständlich nicht selbst tragen. Fleißige Helfer transportieren unsere Rucksäcke in einer Schubkarre. Die Zimmer der Posada Estrela sind geräumig, sauber und mit einer Hängematte ausgestattet, also werden wir uns schnell einig. Abends bestellen wir in einem netten kleinen Lokal Tapiocas zum Caipirinha. Die verschieden gefüllten Teigtaschen auf Maniokmehlbasis schmecken erstaunlich gut. Itacaré punktet mit Sandstrand und vielen kleinen Buchten. Wir toben uns in den Wellen mal wieder so richtig aus und relaxen anschließend am Strand. Itacaré hat aber auch hügeliges Hinterland zu bieten, also schnüren wir unsere Trekkingschuhe und erkunden den Dschungel. Kaum sind wir zwischen den Bäumen verschwunden, fängt es an zu regnen. Aha, es handelt sich also um einen Regenwald. Die Wanderung ist abwechslungsreich, es geht auf und ab. Wir müssen einen Fluss durchqueren, rutschige Schlammpfade meistern und uns an diversen Weggabelungen auf eine Richtung einigen. Irgendwann geht es nicht weiter, wir stehen am Rand einer Steilküste, aber letztlich kommen wir doch wieder an unserem Ausgangspunkt an. Der Regen lässt nicht nach, selbst ein farbenfroher Tukan sucht Schutz unter einem Palmenblatt, also gehen wir direkt nach Haus.

Andrea und McRip haben heute ihren letzten Urlaubstag, also machen wir es uns noch mal am Strand bequem. Schwimmen, lesen und relaxen unter tropischer Sonne, was will man mehr? Nachmittags schauen wir uns das bunte Treiben rund um den kleinen Hafen an. Barfüßige Kinder spielen Fußball, Fischer flicken ihre Netze, Handwerker reparieren notdürftig alte Holzboote und Jugendliche springen laut johlend von der Hafenmauer ins Wasser. Die untergehende Sonne spiegelt sich in den Wellen und vollendet die idyllische Szene. Frühes Aufstehen ist angesagt. Zuerst verabschieden wir Andrea und McRip, dann gibt es ein ausgiebiges Frühstück und schon sind auch wir wieder auf Achse. Am Busbahnhof in Ilheus müssen wir umsteigen. Während wir auf unseren Bus Richtung Rio warten, erleben wir eine Verhaftung auf brasilianisch. Der vermeintliche Täter wird von aufgebrachten Männern eingekesselt, bis die Polizei eintrifft. Die vier Gesetzeshüter fackeln nicht lange, legen dem Mann Handschellen an und prügeln auf ihn ein. Als er wehrlos am Boden liegt, wird er noch ein paar Mal gestiefelt und in den Kofferraum des Streifenwagens geworfen. Was genau vorgefallen ist, wissen wir nicht, jedenfalls sind die wütenden Männer recht zufrieden mit dem rigorosen Polizeieinsatz. Und wir sind recht zufrieden, dass jetzt unser Bus kommt und wir hier abhauen können. Die Schlafsitze sind mal wieder ausgesprochen bequem, was wir bei einer Nachtfahrt wie dieser besonders zu schätzen wissen. Wir sind auf dem Weg zu unserem allerletzten Ziel während der einjährigen Reise. Welche Stadt würde sich dazu besser eignen als Rio de Janeiro? Zuckerhut, Copacabana, Samba, Corcovado und Maracana sind die noch fehlenden Puzzleteile einer unvergesslichen Tour. Voller Vorfreude schlafen wir ein.

Rio begrüßt uns am späten Vormittag mit Sonne und wolkenlosem Himmel. Wir besorgen uns in der Touristen-Info einen Stadtplan und nehmen den Bus nach Leme, was in direkter Nachbarschaft zur Copacabana liegt. Der Busfahrer entpuppt sich als verkappter Rennfahrer, er kennt nur Vollgas und Vollbremsung. Wer keinen Sitzplatz ergattern kann, wird ganz schön hin und her geschleudert. So wie wir mit unseren Rucksäcken. Wir entscheiden uns völlig willkürlich für eine Bushaltestelle und haben Glück: Das Immobilienbüro, bei dem wir ein Appartement gemietet haben, liegt zufällig nur wenige Meter entfernt. Doch das Grinsen vergeht uns schnell wieder, denn der Makler hat

„unser" Quartier anderweitig vergeben. Wir sind sauer und geben ihm das auch zu verstehen. Der erste Ärger weicht der Erkenntnis, dass wir uns nun in einer guten Verhandlungsposition befinden. Der Makler bietet uns eine andere prima Bleibe an, und nachdem wir seine finanziellen Forderungen noch etwas nach unten korrigiert haben, werden wir uns einig.

Der nächste Morgen beginnt mit einem Lauf an der Copacabana. Bei klarer Luft und strahlendem Sonnenschein bevölkern hunderte von Walkern, Läufern und Bikern die breite Strandpromenade. Da macht das Ausdauertraining direkt doppelt Spaß. Nach einem ausgiebigen Frühstück zieht es uns an den Bilderbuchstrand. Es ist jetzt Mitte Juni, also Winter in Rio, die Temperaturen liegen dennoch so um die 25°. Die Wasserratten toben sich mit oder ohne Surfboard in den beachtlichen Wellen aus. Sonnenanbeter haben es sich im Sand bequem gemacht und die Ballartisten spielen Volleyball oder Beachsoccer. Der 100 m breite Strand bietet genügend Platz für jegliche Aktivitäten. Diverse Strandbars locken ihre Gäste mit Snacks, Softdrinks, Cocktails und Panoramablick auf den Zuckerhut an. Wir schnappen uns zwei Stühle, bestellen Caipirinha und amüsieren uns über die vorbeiflanierenden Möchtegern-Stars.

Die nächsten Tage sind so abwechslungsreich wie das Wetter. Sobald ein paar Regenwolken auftauchen, verlassen wir den Strand und erkunden die Stadt. Mal machen wir eine stundenlange Sightseeingtour mit einem Linienbus, das nächste mal besuchen wir einen farbenfrohen Obst- und Gemüsemarkt. Susanne kriegt große Augen und kauft Ananas, Papayas, Avocados, Paprika, Auberginen und Tomaten für einige wenige Reais ein.

Was wir auf jeden Fall mit nach Hause nehmen wollen, sind die bequemen brasilianischen Hängematten. Um uns einen Überblick über Farben, Muster und Preise zu verschaffen, klappern wir mehrere Märkte ab, was in eine weitere Stadtrundfahrt gipfelt. Auf einem Kunsthandwerkermarkt mit Bühnenshow und Live-Musik werden wir fündig. Wir kaufen zwei der praktischen Souvenirs und fragen uns, ob die wirklich noch in unsere Rucksäcke passen. Inzwischen haben die Samba-Rhythmen und die lebhafte Bühnenshow dutzende Cariocas zum tanzen animiert. Bier- und Cocktailbars befeuern die Laune der Besucher und schon geht die Party wieder los.

Der Besuch eines Fußballspiels im legendären Maracana-Stadion ist natürlich auch ein Pflichttermin. Das Maracana hält seit 1950 den Besucher-Weltrekord.

Zum entscheidenden WM-Spiel Brasilien – Uruguay kamen sagenhafte 199.000 Zuschauer. Der haushohe Favorit Brasilien ging schnell mit 1:0 in Führung, was auf den Rängen für eine beispiellose Euphorie sorgte. Der folgenlose Ausgleichstreffer konnte die Stimmung nicht weiter trüben. Der Siegtreffer der Urus jedoch ließ den Fußballtempel schlagartig verstummen. Diese Niederlage sorgte für Fassungslosigkeit und gespenstische Stille. Den Stellenwert des Fußballs in Brasilien mag das Schicksal des damaligen Torwarts Barbosa verdeutlichen, der für die Niederlage verantwortlich gemacht wurde. Noch Jahrzehnte später verließen die Leute wortlos den Raum, wenn Barbosa zum Bäcker oder in eine Bar kam. Doch Maracana hat auch große Triumphe erlebt, etwa den 1.000sten Treffer von Pelé, der die Kirchenglocken im ganzen Land zum klingen brachte.

Wir buchen natürlich nicht die Maracana-Tourist-VIP-Tour mit Transfer, Betreuung und Haupttribünenplätzen, sondern wollen die Atmosphäre inmitten der Cariocas genießen. Also besorgen wir uns die Tickets einen Tag vor dem Spiel „mal eben" auf eigene Faust. So hatten wir uns das gedacht, doch der Erwerb der Eintrittskarten wächst sich zu einer echten Geduldsprobe aus. Die Verkäufer an den Ticketschaltern sprechen erwartungsgemäß nur portugiesisch und bieten Karten für zahllose Veranstaltungen in verschiedenen Sportstätten zu unterschiedlichen Preisen an. Ein Flamengo-Fan, mit dem wir uns auf Englisch unterhalten können, kommt uns freundlicherweise als Dolmetscher zur Hilfe. Tags drauf sitzen wir auf der Gegentribüne und schauen uns das Meisterschaftsspiel Fluminense Rio de Janeiro gegen Gremio Porto Alegre an. Selbst die spärliche Kulisse von 17.000 Zuschauern deutet einige Male an, welch großartige Atmosphäre hier, im Tempel des Fußballs, herrschen kann. Samba-Bands sorgen für die akustische Untermalung. Die Ballartisten beider Teams glänzen mit Einzelaktionen, was wir „holzfüßigen" Europäer gerne als brotlose Kunst abtun. Diesmal jedoch zu Recht, denn die Effekthascherei bringt keinerlei Torgefahr, und es bleibt beim gerechten 0:0.

Als nächstes Ausflugsziel haben wir uns ein weiteres Rio-Highlight ausgesucht. Nach dem Frühstück machen wir uns bei bestem Wetter auf den Weg zum Zuckerhut. Wir gehen zu Fuß, denn von „unserem" Strandabschnitt aus haben wir den weltbekannten Granithügel stets in Sichtweite. Nach 45 Minuten haben wir die Bodenstation der Kabelbahn erreicht. Wir machen ein kleines Picknick am nahen Strand, dann kraxeln wir den Wanderweg zum

Morro da Urca, der Mittelstation, hoch. Die Gegend ist traumschön, hier treffen sich Berge, Wälder und das Meer auf engstem Raum. Die hohe Lebensqualität in der Millionen-Metropole Rio de Janeiro ist nicht zuletzt auf die grandiose Natur zurückzuführen. Unterwegs begleiten uns neugierige Totenkopfäffchen, die sich artistisch von Ast zu Ast hangeln.

An der Mittelstation angekommen, stellen wir fest, dass die Kabelbahn zur Bergstation auf dem Zuckerhut in dieser Woche wegen Wartungsarbeiten nicht fährt. Pech gehabt. Doch auch von hier aus haben wir eine tolle Aussicht auf das Meer, den Strand von Botafogo und die umliegenden Stadtteile. Wir machen es uns auf Liegestühlen bequem und genießen die Sonne und das Panorama. Am frühen Nachmittag treten wir den Rückweg an.
Nach einem weiteren gemütlichen Strandtag machen wir uns auf den Weg zum Corcovado. Dieser Berg hat seinen immensen Bekanntheitsgrad hauptsächlich Rios Wahrzeichen, der 38 m hohen Christusstatue, zu verdanken. Der erste Bus fährt uns vor der Nase weg, im nächsten fühlen wir uns dagegen wie in einer Kältekammer. Der Busfahrer fordert der Klimaanlage anscheinend gerade die Höchstleistung ab. Im inzwischen gewohnten „Vollgas-Vollbremsung-Rhythmus" bringt er uns zum Fuße des Corcovado. Hier nehmen wir die Zahnradbahn. Die Fahrt macht Spaß, 25 Minuten lang geht es steil bergauf, dann haben wir den Gipfel erreicht. Von der Aussichtsplattform auf 710 m Höhe haben wir einen fabelhaften Blick über Rio de Janeiro. Direkt unter uns

liegt der Tijuca-Nationalpark, in der Ferne grüßen zahllose Buchten und der Zuckerhut. Später gönnen wir uns leckere Bolinhos de Bacalhau in einer Strandbar. Die Stockfischbällchen schmecken immer wieder gut. Selten hingegen sind die Rechnungen in Ordnung, mal will man uns übers Ohr hauen, mal haben die Kleingastronomen Defizite im Kopfrechnen. Doch letztlich werden wir uns auch heute wieder einig. Bei einem ausgedehnten Strandspaziergang begegnen wir mehreren Mitgliedern der Hells Angels. Die Motorradfahrer tragen großflächige Tätowierungen, schwarze Sonnenbrillen und ihre unvermeidliche Kutte. Das weitere Outfit ist jedoch weniger standesgemäß: Mit Flipflops und kurzen Hosen sehen die Rocker doch recht gewöhnungsbedürftig aus.

Der Countdown für die Heimreise läuft. Wir verbringen unseren letzten Tag am Strand. Das Mittagspicknick besteht aus pikant gewürzten Grillhähnchen und einer Flasche Wein. Dann prägen wir uns Copacabana, Zuckerhut und Corcovado noch einmal gut ein. Wer weiß, wann wir mal wiederkommen?

22. Die Rückkehr – Susanne:

Der Taxifahrer ist pünktlich. Es ist Sonntagmorgen und auf den Straßen ist noch wenig los. Wehmütig schauen wir aus dem Autofenster. Die Reise ist zu Ende, es geht wieder zurück nach Deutschland. Unsere Gefühle fahren Achterbahn. Einerseits freuen wir uns auf unsere Familien und Freunde, andererseits wäre es natürlich schön, noch weiter um die Welt zu reisen. Unser Flugzeug dreht noch eine Schleife über der Copacabana und nimmt dann Kurs auf Sao Paulo. Hier bekommen wir die letzten Stempel in unsere Reisepässe, anschließend fliegen wir via Madrid nach Düsseldorf. Adeus Brazil! Burscheid, wir kommen!
Über den Wolken haben wir Zeit, die Reise noch mal Revue passieren zu lassen. Wir haben grandiose Landschaften, entlegene Orte, faszinierende Tierwelten und viele, viele nette Menschen kennen gelernt. „Der gelebte Traum" hat gehalten, was wir uns von ihm versprochen haben.
Ich bin richtig unglücklich und Ralf hat alle Mühe mich aufzumuntern. Von mir aus hätte es noch „ewig" so weitergehen können. Es war einfach ein Traum, von dem man sich wünscht, dass er nie zu Ende gehen würde. Doch die hundertfachen Erlebnisse werden uns für den Rest unseres Lebens begleiten und so können wir in Erinnerungen schwelgen, wenn das Reisefieber mal wieder zu sehr ausbricht….
In Madrid wird es dann ernst, der letzte Flug steht an. Die Morgenmaschine von Madrid nach Düsseldorf ist standesgemäß mit Geschäftsleuten angefüllt und wir fühlen uns fehl am Platz. Unser Leben ist im letzten Jahr so anders verlaufen, dass es sehr schwer ist, hier schon wieder den hektischen Alltag beobachten zu müssen. Im Landeanflug auf Düsseldorf begrüßt uns das deutsche Einheitsgrau mit dicken Wolken, ein wenig Nieselregen und nicht gerade erfreulichen Temperaturen, wenn man bedenkt, dass es Ende Juni ist. Ich möchte am liebsten umkehren, doch Ralf ist gut gelaunt. So sammeln wir unsere Rucksäcke ein letztes Mal vom Gepäckband ein, was sich sehr komisch anfühlt. Doch dann erwartet uns eine schöne Überraschung: Wir werden an diesem Montag mit großem Empfangskomitee, Stehtisch, Sekt und einer Menge lieber Menschen erwartet, die sich auf uns gefreut haben. Ein tolles Gefühl!

Abends folgt dann noch eine Überraschungs-Willkommensparty für uns und wir sind überwältigt. Lieben Dank für dieses herzliche Willkommen!

23. Kurioses und Wissenswertes

Benutzte Fortbewegungsmittel:
Flugzeug, Helikopter, Campmobil, Auto, Reisebus, Linienbus, Minibus, Offroader, Pickup, Moped, Chiva, Schmalspurbahn, Zahnradbahn, Zug, Fahrrad, Expeditionsschiff, Fähre, Zodiac, Jetboat, Fischerboot, Kajak, Ruderboot, Pferd

Reisepass:
38 Stempel pro Pass

Zurückgelegte Strecken:

Flugzeug:	60.000 km
Auto:	13.500 km
Campmobil:	6.500 km
Reisebus:	18.000 km
Landbasierte Touren:	1.700 km
Bootstrips:	980 Seemeilen (= 1.815 km)
Bahnfahrten:	450 km
Gesamt:	**101.965 km**

(Umfang des Äquators: 40.075 km)

Geld:

118 gefundene Münzen, Gesamtwert:	19,06 €
2 gefundene Geldscheine, Gesamtwert:	20,12 €

Verwicklungen in Verkehrsunfälle:
0

Reisebusfahrten in Südamerika:

Santiago – Mendoza	7 Stunden
Mendoza – Salta	21 Stunden
Salta –Puerto Iguazu	22 Stunden
Puerto Iguazu – Foz de Iguazu	2 Stunden
Foz do Iguazu – Curitiba	9 Stunden
Curitiba – Paranagua	4 Stunden
Paranagua – Blumenau	4 Stunden
Blumenau – Florianopolis	2 Stunden
Florianopolis – Montevideo	18 Stunden
Buenos Aires – Miramar	5 Stunden
Miramar – Puerto Madryn	18 Stunden
Puerto Madryn – Trelew	1 Stunde
Trelew – Rio Gallegos	18 Stunden
Rio Gallegos – El Calafate	6 Stunden
El Calafate – Puerto Natales	6 Stunden
Puerto Natales – Punta Arenas	5 Stunden
Punta Arenas – Ushuaia	6 Stunden
Punta Arenas – Osorno	30 Stunden
Osorno – Villarrica	3 Stunden
Villarrica – Santiago	9 Stunden
Quito – Baños	3 Stunden
Baños – Riobamba	3 Stunden
Riobamba – Quito	4 Stunden
Cusco – Puno	4 Stunden
Puno – Arequipa	5 Stunden
Salvador – Ilheus	8 Stunden
Ilheus – Itacaré	2 Stunden
Itacaré – Ilheus	1,5 Stunden
Ilheus – Rio de Janeiro	23 Stunden

Weltweite Einzigartigkeiten:
- Coober Pedy: (kupa piti: „Weißer Mann im Loch") Skurriler Wüstenort und Hauptstadt der Opale, Australien.
- Dingozaun zum Schutz der Viehherden: 5.320 km lang, Australien.
- Great Barrier Reef: Größtes Korallenriff, 2.300 km lang, Australien.
- Baldwin Street in Dunedin: Steilste bewohnte Straße, 35% Steigung, Neuseeland.
- Taumatawhakatangihangakoauauotamateaturipukakapikimaungahoronukukupokaiwhenuakitnatahu: Längster Ortsname, Neuseeland.
- Avenida 9 de Julio: 130 m breite Straße, Buenos Aires, Argentinien.
- Ushuaia: Südlichste Stadt, 54° 48' S, Argentinien.
- Lonesome George: Die letzte Riesenschildkröte ihrer Art, gestorben 2012, Insel Pinta/Galapagos, Ecuador.
- Titicaca-See: Höchstgelegener schiffbarer See, 3.810 m über dem Meeresspiegel, Peru und Bolivien.

Übernachtungen:
106 verschiedene Betten
27 verschiedene Campingplätze
6 Nächte im Campmobil
3 Nächte in einer Schiffskabine

Preiswerteste Übernachtung:
0 Pesos, Sheraton Hotel, Santiago/Chile

Höchstgelegene Übernachtung:
Zeltlager auf 3.950 m Höhe, Lares Trek/Peru

Höchster zu Fuß erreichter Punkt:
4.600 m Höhe, Lares Trek/Peru

Zurückgelegte Strecken beim Joggen:

Susanne: ca. 600 km

Ralf: ca. 3.200 km